Maria Regina Kaiser

Wohin ich gehöre

Hase und Igel®

Für Lehrkräfte gibt es zu diesem Buch
ausführliches Begleitmaterial beim Hase und Igel Verlag.

Die im Text mit * gekennzeichneten Begriffe werden ab Seite 183 erklärt.

Bei der Arbeit an diesem Buch hat sich die Autorin auf die Koranübersetzung
von Max Henning gestützt.

Dieses Buch erschien erstmals 1999 im
C. Bertelsmann Jugendbuch Verlag, München,
in der Verlagsgruppe Random House GmbH.
Für diese Schulausgabe wurde es gemeinsam mit der Autorin
vollständig überarbeitet und aktualisiert.

www.hase-und-igel.de
Lektorat: Sonja Stahuber
Umschlagillustration: Sebastian Gneiting
Druck: CPI – Ebner & Spiegel, Ulm

ISBN 978-3-86760-167-2
2. Auflage 2015

Inhalt

Erster Teil

Zweiter Teil

Dritter Teil

Erster Teil

1. Kapitel: Anavatan

Gülten geht barfuß über den nassen Sand. Die Ausläufer der Wellen umspülen ihre Füße. Sie hat ihre khakifarbenen Shorts an und das ärmellose weiße T-Shirt. Über die Schulter hat sie das nasse Badetuch gehängt, das fast schon wieder getrocknet ist, so heiß brennt die Sonne vom Himmel.

Seit genau einer Stunde weiß sie es. Sie weiß es jetzt mit Sicherheit. Natürlich kann sie Ana nichts sagen. Ana versteht alles, aber das mit Mesut wird sie nie begreifen. Seit sie denken kann, redet Gülten sie mit Ana oder Anne an. Das ist Türkisch und heißt Mutter. Mama zu ihr zu sagen, auf Deutsch, das klänge einfach falsch.

Mesut, Mesut, Mesut. Vor einer Stunde hat er sie beide hier am Strand abgesetzt und in einer weiteren Stunde wird er sie am Café drüben abholen.

Mesut hat ihre Hand einen Moment lang festgehalten und gesagt: Pass gut auf dich auf, Kleine. In seinem komischen Deutsch, das irgendwie fremd klingt und nicht mehr stimmt. So redet natürlich nur einer, der verliebt ist.

Pass gut auf dich auf, Kleine. Gülten macht einen Hüpfer und stößt einen Schrei aus.

„Geht's dir noch gut?", fragt Ana. Ana versteht alles. Nur von Liebe hat sie keine Ahnung. Ist in ihrem Leben vermutlich längst vorbei. Kann man wahrscheinlich gar nicht mehr, wenn man nur noch an Arbeiten, Kredite und Geldverdienen denkt.

„Es ist hier alles so toll, Anne!"

So nahe am Ufer ist das Wasser angenehm kühl. Ana trägt ihre über den Knien abgeschnittenen Jeans und geht durchs Wasser. Es ist der angenehmste Weg zu dem kleinen Café, das unterhalb des Felsens auf einer hölzernen Plattform über dem Strand liegt. Am Fuß des Felsens wachsen ein paar Palmen mit vom Wind zerrupften grünen Federbüschen. Das Meer liegt ausgebreitet wie geschmolzenes Metall, wellenlos. Es ist windstill.

„Diese Hitze hält kein Mensch aus", stöhnt Ana.

„Mir macht das nichts", sagt Gülten. „Ich brauche solche Temperaturen wenigstens einmal im Jahr. Anne, erklär mir, warum sind wir nur so kurz hier? Drei Wochen sind nichts."

„Du kannst nicht genug kriegen", sagt Ana knapp. „Drei Wochen sind genau richtig."

Ist nicht wahr, trifft nicht zu, nicht für Gülten. Ältere Menschen brauchen wahrscheinlich nicht mehr so viel Urlaub. Ana ist dreiundvierzig.

„Du kannst nicht richtig ausspannen. Du denkst immer nur an deine Arbeit im Krankenhaus."

„Die brauchen mich auf der Station." Ana bleibt stehen und schwenkt ihre Sandalen verärgert hin und her. „Urlaub muss man sich auch leisten können."

„Was heißt Urlaub?", fragt Gülten. „Urlaub ist, wenn man nach Miami fliegt oder nach Spanien oder nach Griechenland."

„Ja und?"

„Das hier ist schließlich unser Land. Wir besuchen Verwandte."

„Mein Anavatan", sagt Ana. Das heißt Mutterland, auf Türkisch sagt man Mutterland, nicht Vaterland.

„Meines auch!“, schreit Gülten und fällt Ana um den Hals.

Ana lässt die Sandalen ins Meer platschen und taumelt einen Moment. „So ein Mist.“ Sie fischt ihre Schuhe aus dem Wasser, schüttelt sie hilflos und seufzt. „Die kann ich jetzt wegwerfen.“

„Ich bin so froh, dass ich ein Anavatan und ein Vaterland habe!“, ruft Gülten und hüpft noch einmal.

„Hoffentlich bist du irgendwann erwachsen“, bemerkt Ana nur. „In deinem Alter war ich anders, ernsthafter. Mein Leben war viel schwerer. Es gab nichts zu lachen und zu hüpfen.“

Gülten guckt ungläubig. Das kann nicht stimmen. Ana hatte es gut in diesem türkischen Dorf in den Bergen hinter Antalya, in dem sie aufgewachsen ist mit Ziegen, Schafen und Hühnern und unglaublich vielen Cousinen und Cousins, Tanten und Onkeln. Und dann die Feste. Şeker bayramı*, Sünnet*, Hochzeiten.

„Wir waren arm und mussten viel arbeiten“, beharrt Ana. „Ich erinnere mich, dass ich keine Schuhe hatte. Am glücklichsten war ich in der Schule.“

„Das ist mein Land“, sagt Gülten. „Ich gehöre hierhin.“

Das Meer ist nirgendwo so wie hier. Und die Küste mit den Moscheen* an den Berghängen hinter den Hotelburgen. Gülten ist stolz darauf, nicht eine von diesen deutschen Normalurlaubern zu sein, die in den Hotelpalästen Halbpension für zwei oder drei Wochen gebucht haben, Ausflugspaket und Folkloreabend inklusive. „Anne, Klaus hat gesagt, wenn er mal aufhört zu arbeiten, kauft ihr ein kleines Haus hier in der Gegend von Antalya. Hat er das im Ernst gesagt?“

„Klar, im Ernst. Aber es dauert noch ungefähr zwanzig Jahre, bis wir so weit sind."

„Und wenn Klaus im Lotto gewinnt?"

„Dann machen wir es sofort", sagt Ana.

„Super, dann suchen wir uns schon mal eins aus, ein ganz kleines."

„Träum nur, Gülten. Träume schaden nicht." Ana ärgert sich immer noch über ihre ruinierten Sandalen. Sie schlendert hinüber zum Café, ohne zurückzublicken.

Gülten bleibt einfach stehen und bohrt die Zehen in den nassen, harten Sand unter dem Wasser. Sie ist jetzt sechzehn. Dieser Sommer ist anders als die früheren. Damals war es Urlaub, aber diesmal ist es mehr. Gülten überlegt, was es diesmal ist.

Schon am Flughafen hat es angefangen, das besondere Glücksgefühl. Sie gehört hierher in die Türkei, in das Dorf in den Bergen hinter Antalya, nach Ulumur, das ist es. Vor einem Jahr war sie noch ein Kind, das sich seine Zukunft nur zusammen mit der Familie, mit ihrem Vater Klaus, Ana und ihrem Bruder Eser, in dem Haus am Stadtrand von Frankfurt hinter dem Lärmschutzwall der Autobahn vorstellen konnte. Aber jetzt weiß sie, dass sie nicht in Frankfurt leben muss, um zufrieden zu sein. Es könnte ebenso gut Ulumur sein.

Mutterland, Mesutland. Anas Land, Mesuts Land.

Ana hat ein Wasser bestellt. Mustafa Sandal, der derzeit bekannteste türkische Musiker, singt von Autos und wie wunderschön es ist, Gas zu geben. Gülten findet den Text blöd und wippt trotzdem mit den Füßen. Mesut, Mesut, Mesut. Pass auf dich auf, Kleine, hat er gesagt.

Und wie er es gesagt hat. Er hat es nur deshalb gesagt, weil er in sie verliebt ist.

Sie sitzen unter einem Spalier aus Weinlaub auf der Terrasse im Halbschatten, sie, ihr Bruder Eser und Ana. Eine leichte Brise vom Meer her kräuselt jetzt die Wasseroberfläche.

Eser ist gleich hierher gegangen, er wollte nicht mit zum Schwimmen.

„Ana, was du nur immer mit deinem Wasser hast“, lästert Eser und hält die eiskalte, von außen beschlagene Glasflasche hoch.

„Das türkische Wasser schmeckt besser als deutsches Mineralwasser“, behauptet Ana. „Das hat etwas mit den vielen Gebirgen im Land zu tun. Es gibt hier ganz besondere Quellen. Jede Sorte Mineralwasser schmeckt anders.“

Eser hält die Flasche an den Mund und nimmt einen kräftigen Zug.

„Benimm dich. Wir sind nicht in Deutschland.“ Ana kann es nicht leiden, wenn er aus der Flasche trinkt.

Eser prustet, hustet los und läuft im Gesicht dunkelrot an. Gülten springt auf und klopft ihm auf den Rücken.

„Schon gut“, murmelt Eser. „Kennt ihr einen Menschen auf der Welt, der sich so oft verschluckt wie ich?“

„Mach noch mal den Mund auf“, verlangt Ana.

Eser grinst verlegen und Gülten weiß, jetzt hat auch Ana es bemerkt, Esers Zungenpiercing.

„Bist du übergeschnappt?“, fragt Ana mit schneidender Stimme. „Wo hast du das machen lassen?“ Sie atmet kurz durch. „Du bist noch keine achtzehn. Du brauchst eine Einverständniserklärung deiner Eltern, dass sie dem Piercing zustimmen …“

„Hättet ihr mir nie gegeben“, sagt Eser.

Gülten sieht ihn an. Eser zwinkert ihr zu. Natürlich wird sie es nicht verraten. Klaus hat ihm die Erklärung unterschrieben. Mit Klaus kann man alles machen, wenn man ihm lange genug erklärt, dass es eben sein muss. Von ihm leiht sich Eser auch immer Geld, ohne Anas Wissen und ohne es je zurückzugeben.

„Weißt du, dass das eine Infektion geben kann?“, fragt Ana.

„Nur am Anfang. Die Entzündung gehört dazu. Drei Wochen tut's weh, dann hast du es geschafft“, antwortet Eser.

„So was ist gedankenloser Leichtsinn. Ich weiß, was da alles passieren kann.“

„Na ja, vier Wochen lang hab ich nur Suppe gegessen und zweimal am Tag mit Jod gepinselt – ist dir gar nicht aufgefallen. Im Mund kann man ja keine Wundsalbe nehmen. Alle halten das durch – stell dich nicht so an, Anne. Nehm ich etwa Drogen, schwänze ich die Schule? Also sei froh und dankbar.“

„Du bist nicht alle“, schnaubt Ana. „Wenn alle sich wie Idioten benehmen, musst du es nicht auch.“

Gülten denkt, dass es auch bei ihr Zeit für ein Piercing wird. Bis jetzt hat sie sich noch nicht getraut. Auf manchen Gebieten ist sie noch zurück.

„Sagt mal, wo ist eigentlich unser Vater?“ Eser wird immer ironisch, wenn er von Klaus spricht. Er fühlt sich ihm überlegen, das ist der Grund. Eser findet sich großartig, weil er es bis zur 11. Jahrgangsstufe des Gymnasiums geschafft hat. Außerdem haben Jungen in diesem Alter immer Probleme mit ihrem Vater.

Gülten findet es nicht fair, dauernd Witze zu machen, wenn Klaus ein Fremdwort falsch benutzt. Klaus liebt Fremdwörter, englische und französische, bringt sie aber schon mal durcheinander.

„Er wollte mit Mesut nach einer Lederjacke schauen. Und dann bestimmt zu diesem Imbiss hinter dem Yachthafen laufen, wo es die Hotdogs gibt", sagt Ana. „Du weißt doch, immer wenn wir hier sind, kriegt euer Vater Heißhunger auf Hotdogs und Kartoffelsalat."

„Haben die wirklich Kartoffelsalat?", fragt Gülten.

„Klar. Wahrscheinlich irgendein Import aus Deutschland mit Sorbinsäure und im Plastikeimer."

„Pervers." Eser schüttelt sich. „Und hinterher vermutlich Schokoladenpudding. Ich mag dieses Land nicht besonders, aber ich liebe türkisches Essen."

„Kriegst du doch jeden Tag in Frankfurt", sagt Ana. „Der Dede* kocht mindestens so gut wie die meisten Köche hier."

„Kann ja sein." Eser grinst. Er hält nicht viel vom Essen des Dede. „Aber hier schmeckt es nun mal besser. Zu Şiş Kebap gehören nun mal 35 Grad im Schatten." Eser beißt genüsslich die gegrillten Lammfleischstückchen von seinem Holzspieß herunter.

Gülten lässt die Gabel sinken. Jetzt kann sie nichts mehr essen. Mesut, Mesut, Mesut. Unmöglich, etwas zu essen, wenn Mesut sie so anlächelt.

Ana sieht auf. Klaus und Mesut steigen die Holztreppe hoch, Klaus voraus.

„Und?", fragt Ana.

„Wir haben nichts gefunden", sagt Klaus. „Alle zu eng oder die falsche Farbe. Rabia, du musst mitgehen. Ich bin da wirklich unsicher. Mesut kennt sich zwar mit den Händlern und den Preisen aus, aber er kann nicht beurteilen, wie mir so eine Jacke steht."

„Eine gute war schon dabei", sagt Mesut. „Darin sah er spitzenmäßig aus."

„War allerdings ziemlich teuer", seufzt Klaus.

„Muss ja nicht sein", sagt Ana.

Klaus' Blick fällt auf Eser. „Ich krieg noch zweihundert Euro von dir zurück!"

„Unmöglich", antwortet Eser. „Weihnachten bin ich frühestens wieder liquide."

„Das ist mies von dir. Du hast hoch und heilig …"

Mesut zieht einen Stuhl vom Nachbartisch heran und setzt sich neben Gülten.

„Hat es dir hier gefallen? Es ist der schönste Strand weit und breit", sagt Mesut. Er sagt es nur zu ihr. Einen Moment lang spürt sie seinen Atem, der nach Zigaretten riecht. „Wir haben noch Karten für die Fahrt mit dem Holzschiff bekommen. Bis zur heißen Quelle. Und ein Stück vor der Küste gibt es besonders schöne Stellen, um zu baden."

Gülten spürt Anas erstaunten Blick mehr, als dass sie ihn sieht. Sie wird rot und kann keine Antwort geben. Oh Mesut, es ist mir peinlich. Ich glaube, jetzt haben es alle gemerkt – Ana, Klaus und Eser.

2. Kapitel: Deniz

Ein Lied von Tarkan* weht über das Holzschiff, das vor der felsigen Küste Anker geworfen hat. Das Meer ist so kühl und klar wie Wasser in einem Glas. Gülten spürt die Sonne auf ihrer Haut. Deniz, denkt sie, nicht „Meer", sondern deniz. Das Schiff schwankt auf den kleinen Wellen. Hier in der Bucht vor der heißen Quelle können sie alle noch einmal schwimmen, ehe die Tagesrundfahrt fortgesetzt wird.

„War doch eine gute Idee, diese Fahrt zu machen", sagt Klaus, sichtlich stolz. „In den letzten Jahren haben wir zu viel bei der Verwandtschaft herumgehockt", fügt er hinzu. „Unsere Ana hat hier einfach zu viele Cousinen."

„Aber man kriegt was von der Landschaft mit, wenn man auf die Dörfer fährt." Gülten hat es immer gut gefallen, die Verwandten zu besuchen und von ihnen bewundert zu werden.

Das Meer ist so verlockend, dass man eigentlich jeden Tag hierher kommen sollte, so wie die deutschen Touristen es machen.

Klaus scheint das Gleiche zu denken.

„Klaus", sagt Gülten. Sie hat es immer unmöglich gefunden, ihn mit „Papa" anzureden. „Nächstes Jahr wünsche ich mir sechs Wochen Türkei. Wir müssen ja nicht in ein Hotel gehen."

Klaus sieht sorgenvoll aus. „Du und Eser vielleicht. Aber Ana und ich müssen arbeiten. Ich verdiene nun mal keine Million mit der Werkstatt."

Gülten denkt an Erik und Tülay aus ihrer Jahrgangsstufe. Die beiden sind auch gerade in der Türkei. Erik ist unten in Alanya in einem Feriendorf und macht einen Surfkurs. Tülay, ihre Banknachbarin in den meisten Kursen, ist genau siebzig Kilometer Luftlinie entfernt von ihnen in einem Dorf in den Bergen. „Tülay ist eine richtige Türkin und Erik ein richtiger Deutscher", sagt Gülten zu Mesut.

„Wer weiß, vielleicht triffst du hier ja noch einen von euren Lehrern aus der Schule", witzelt Mesut. „Oder einen von euren Nachbarn."

Graue Fische schnellen unter der Wasseroberfläche hin und her. Gülten steht ganz dicht neben Mesut und kann es nicht fassen: Nur noch eine Woche! Dann werden sie wieder zurück in Frankfurt sein. Mesut wird hier bei Tante Nurcan in Ulumur zurückbleiben. Fünf Jahre ist es her, dass er und Tante Nurcan zwei Straßen weiter bei ihnen in der Stadt gelebt haben.

Damals war alles gut. Jeden Tag sahen sie sich. Sie waren eine Familie. Der Tee brodelte im Samowar aus Messing. Der Dede stand in seinen ausgetretenen Schlappen hinter der Theke der Schneiderei. Im Hinterstübchen, wo sich Hosen und Röcke stapelten, saßen sie auf dem alten Sofa unter den Postern vom Topkapi sarai* und der Hagia Sofia* von Istanbul: die Schwestern Nurcan und Rabia, Eser und Gülten, mit den Cousins Mesut und Birhan. Nur Klaus Raab, ihrem deutschen Vater, war es manchmal nicht recht, dass immer nur Türkisch gesprochen wurde. Aber dann starb Birhan, mit zwölf Jahren. Nach seinem Tod war nichts mehr wie vorher. Mesut ging mit dem Dede jeden Freitag in die Moschee und wurde in der Schule immer schlechter. Am Morgen eines nasskalten Frühlingstages flogen Tante Nurcan und er in die Türkei zurück. Für immer, sagte Tante Nurcan. Gülten war damals zwölf. Am Flughafen waren Mesut und sie sich um den Hals gefallen.

„Sag, dass du auch zurück nach Ulumur kommst", hatte Mesut geflüstert.

„Ja, ich komme auch nach Ulumur. Klar. Ich schwöre es dir."

Durch die Glasscheiben hatte Gülten hinaus auf das Flugfeld gestarrt, über dem Frühnebel waberte.

Tante Nurcan mit weißem Kopftuch im bodenlangen dunkelgrauen Mantel. Mesut in Jeans und seiner schwarzen Lederjacke, den Kragen hochgeschlagen, als ob ihm kalt sei. Die Glastür zum Transitraum schloss sich hinter den beiden. Der Dede hatte Gülten mit festem Griff an der Hand genommen. Sie war neben ihm her zum Bus gestolpert, tränenblind.

„Nach Ulumur, bei Allah*, höchstens einmal im Jahr für drei Wochen", pflegt Ana zu sagen. „Drei Wochen halte ich gerade noch aus. Nach Ulumur will ich nicht zurück, egal, was kommt."

„Ihr seid die Rebellen in der Familie, du und Bekir", sagt dann der Dede immer. Mit Bekir meinte er Tante Nurcans geschiedenen Mann, Mesuts Vater. „Und dabei haben wir dir den Namen Rabia* gegeben zur Erinnerung an diese gottesfürchtige Frau."

„Ohne Rebellen gibt es keinen Fortschritt", gibt Ana meist kurz zur Antwort.

Aus dem Lautsprecher auf dem Schiff kommt ein Lied von Tarkan nach dem anderen.

„Kitschmusik. Türkischer Schmalz", sagt Eser. „Soll ich die geniale CD von den *Really Bad Inline Online Boys* auflegen?" Das ist seine Band in Frankfurt, in der er der Keyboarder ist.

Er hat die CD natürlich nicht dabei. War nur ein Witz.

„Kommt mit, wir schwimmen rüber!", ruft Mesut. Aus der Höhle am Ufer gegenüber dringt Nebel.

Esers gebräunter Körper ist sehnig und hager. Er ist siebzehn, noch nicht ganz achtzehn. Sein dunkles Haar ist kurz geschnitten und rasiert. Er hat ein Piercing am Nasenflügel und noch eins in der Augenbraue. Das Zungenpiercing sieht man nur, wenn er lacht. Er sieht nicht so gut aus wie Mesut. Mesut ist zwanzig, etwas größer als Eser und hat breitere Schultern.

Die Männer von der Bootsbesatzung fangen Fische mit einem Käscher, den sie ins Meer halten, und werfen sie in Plastikeimer.

„Kommt mit, wir schwimmen rüber zur Heißwasserquelle!", ruft Mesut noch mal und schwingt sich über die Reling.

Gülten hat ihren weißen, gerippten Badeanzug an. Sie ist immer noch nicht richtig braun. Als sie vor zwei Wochen kamen, war sie noch ziemlich blass und bekam gleich einen Sonnenbrand. Jedes Jahr das Gleiche. Sie kommt hier an, muss draußen vor dem Flughafengebäude weinen, weil es so schön ist, dann sucht sie nach Worten, weil sie fast alles vergessen hat und weil die Leute hier anders reden als im Jahr davor. Es gibt neue Wörter, die sie noch nie gehört hat. Mesut kennt sie alle und erklärt sie ihr. Er gehört hierher. Und sie gehört eigentlich auch hierher, das spürt Gülten jeden Urlaub wieder.

Sie ist mehr türkisch als deutsch. Irgendwie ist das hier ihr Land.

Eser springt. Er wendet den Kopf um zu Gülten und krault mit weit ausgreifenden Armbewegungen hinüber zur Felsenhöhle.

Gülten hält sich die Nase zu und springt ebenfalls. Das Wasser ist schneidend kalt. Neben ihr taucht prustend und schnaufend Mesut auf. Es ist unglaublich, dass sie neben Mesut durch dieses kristallklare Wasser schwimmt, unter einem tiefblauen Himmel, während die Musik vom Schiff her einen Film daraus macht. Sie und Mesut. Mesut und sie. „Ölürüm sana", singt Tarkan. Mesut singt mit. Mesuts Gesicht ist dem von Tarkan sehr ähnlich.

„Ölürüm sana", singt Gülten. „Ich sterbe für dich."

„Du bist gut, du!", ruft er ihr zu. „Ich meine, dein Türkisch ist ziemlich gut. Man merkt nicht, dass du Deutsche bist."

„Bin ich ja auch nicht!", ruft sie zurück.

„Doch, bist du schon! Eine blonde Deutsche!"

Unverschämtheit. Sie hat dunkelbraune Haare und sehr dunkle Augen. Sie sieht aus wie Ana, als sie jung war. Ana hat inzwischen blond getönte Haare, was zu ihren dunklen Augen besonders gut aussieht. Gülten hat einen deutschen Pass und einen deutschen Vater, das meint Mesut wahrscheinlich damit, dass sie Deutsche sei.

„Das hier ist mein Land", sagt Gülten. Es ist ihr Ernst.

„Guter Witz, Blondie!", ruft Mesut.

Sie stehen bis zu den Hüften im badewarmen Wasser der heißen Quelle unter dem Felsvorsprung. Der Boden unter ihren Füßen besteht aus festem Sand.

„Pass auf, dass du nicht auf einen Seeigel trittst. Die gibt's hier überall", warnt Mesut.

Sein Gesicht ist jetzt nahe an ihrem. Mesut, Mesut, Mesut. Seine nicht ganz glatt rasierte Wange berührt ihre Lippen. Oh Mesut. Seine Haut schmeckt nass und salzig. Er sieht sie für die Dauer eines Wimpernschlags fragend an, dann berühren seine Lippen die ihren. Es ist nur ein Hauch von einem Kuss. Und schon wendet er sich ruckartig ab, lässt sich rückwärts ins Wasser fallen und krault aus der Höhle heraus.

„Komm mir nach! Hol mich ein!", prustet er.

Hat sie geträumt? War es wirklich?

Der Übergang ins kalte Wasser vor dem Felsen ist wie ein Schlag ins Gesicht. Doch nach zwei Kraulzügen hat man sich an die Kälte gewöhnt.

„Gülten!"

Sie dreht den Kopf zurück. Irgendetwas stimmt nicht mit Eser. Er klammert sich an das Absperrungsseil vor der Höhle und sein Gesicht ist blass.

Sie ist sofort bei ihm und dann ist auch Mesut da.

„Was ist los?"

„Ich hab keine Kraft mehr in den Armen. Es ist ein Gefühl wie Watte in den Oberarmen …"

„Ich halte dich", stammelt Gülten.

„Es wird nicht besser", sagt Eser.

„Mach keinen Quatsch", sagt Mesut.

„Es ist kein Quatsch." Gültens Stimme zittert. „Er hat das manchmal. In letzter Zeit öfter."

„Die Scheiße geht wieder los", stöhnt Eser. „Ich hasse dieses Leben. Oh Mann. So schlimm wie heute war es noch nie."

Gülten überlegt, was sie tun sollen, wie sie Eser am besten hinüber zum Schiff bringen.

„Lasst mich hier absaufen“, sagt Eser. „Hier und jetzt, dann ist alles vorbei.“ In seinen Augen blitzt es auf. Es ist kein Spaß, er meint es ernst. „Ich hab keine Angst vorm Sterben. Ihr könnt mich dann mit dem Kopf Richtung Mekka* begraben.“

„Allah wird dir helfen“, sagt Gülten. Ihre Lippen zittern. Auch wenn Mesut nicht dabei wäre, würde sie Eser hier herausbringen, sie allein, das weiß sie. Allah erhört die Gebete derer, die sich an ihn wenden. Noch nie hat sie solche Angst um Eser gehabt wie jetzt. In das Lied von Tarkan hinein, das vom Schiff herüberschallt, rezitiert sie die arabischen Worte der ersten Sure* des Korans*, der Al-Fatiha*, die jedes muslimisch erzogene Kind schon sehr früh lernt:

„Lob sei Allah, dem einzigen, dem Erbarmer,
dem Barmherzigen, dem König am Tag des Gerichts!
Dir dienen wir und zu dir rufen um Hilfe wir.
Leite uns den rechten Pfad,
den Pfad derer, denen du gnädig bist,
nicht derer, denen du zürnst, und nicht der Irrenden.“

„Hör auf mit Allah.“ Eser klappert mit den Zähnen wie ein Kind, das zu lange im Wasser war. „Der holt mich hier nicht raus.“

„Doch“, sagt Gülten.

„Los, Idiot!“, ruft Mesut. „Reiß dich zusammen!“

„Sorry, ich hab keine Kraft mehr in den Armen. Ich sauf gleich ab. Da ist nichts mit Zusammenreißen.“

Gülten sieht zum Schiff hinüber. Klaus unterhält sich mit Ana. Sie haben ihre Not noch nicht bemerkt.

„Packen wir's an." Mit blassen Lippen versucht Eser zu witzeln.

„Easy, du schaffst es", flüstert Gülten, während sie ihn zum Schiff hinüberziehen.

Jeder legt ein paar Münzen als Trinkgeld auf den Teller am Ausstieg. Dann klettern alle die Leiter hinunter auf den Anlegesteg und verabschieden sich.

Ana und Klaus gehen wortlos zu der Pinie voraus, unter der Mesuts Van geparkt ist. Erst als sie alle drinsitzen, stellt Ana die entscheidende Frage: „Was war los? Ich will es wissen!" Ihre Stimme überschlägt sich.

Eser erklärt, was es war. Er grinst dabei und tut so, als mache er sich nichts draus.

„Warum hast du nicht gesagt, dass du das schon länger hast?", schimpft Ana.

„Weil du dich jedes Mal aufregst, wenn ich so laufe wie Birhan."

„Ich rege mich nicht auf! Das, was du hast, hat überhaupt nichts mit Birhans Krankheit zu tun!"

„Schrei ihn nicht an", sagt Klaus. „Ihm geht's schlecht und du schreist ihn auch noch an."

„Es regt mich auf, wenn er mit Birhan anfängt."

Mesuts Gesicht ist wie erstarrt. Er legt den Arm um Gültens Schulter. Diesmal spürt sie keinen Hauch von Glücksgefühl. Sie hat Angst um Eser, das ist alles.

„Gib mir dein Handy, Klaus. Ich muss versuchen, Dr. Becker zu erreichen."

Klaus zieht das Handy aus der Tasche seines zerknitterten Jeanshemds und gibt es Ana. Dr. Becker ist Oberarzt in dem Krankenhaus, in dem Ana arbeitet.

„Klar“, sagt Klaus spöttisch. „Der weiß sofort, wo Esers Problem liegt.“

Ana sieht ihn wütend an.

Eser scheint es wieder besser zu gehen. Aber er ist noch immer ziemlich blass. „Fest steht“, sagt er, „als er neun war, ging es Birhan so wie mir. Das passt dir nicht, Anne, aber ich sage nur, wie es ist.“

3. Kapitel: Kader

„Es ist das, was Birhan hatte. Genauso hat es bei ihm angefangen.“ Tante Nurcan schneidet die Wassermelone in handliche Stücke und verteilt sie auf die Teller.

„Das wissen wir erst, wenn die Ärzte ihn untersucht haben“, sagt Ana mit unbewegtem Gesicht. „Du glaubst nicht, wie schwer es ist, so eine Krankheit festzustellen. Da müssen mindestens zehn verschiedene Tests gemacht werden. Sein Blut muss im Labor untersucht werden und kein Mensch weiß, was dabei herauskommt.“

„Ich sage dir, es ist die Krankheit, die Birhan hatte. Ohne jeden Test weiß ich das.“

„Hör doch bitte auf“, sagt Mesut. „Nur Allah weiß, was Eser fehlt.“

Sie sind am schönsten Ort, den es für Gülten auf der Welt gibt: im Haus von Tante Nurcan in Ulumur. Gegenüber auf dem Berghang liegt die kleine Moschee, die sie alle die Wintermoschee nennen. Sultan* Selim ließ sie von seinem Architekten Sinan erbauen, zusammen mit dem Jagdpalast weiter hinten im Pinienwald, wo in den Sommermonaten ein kleines Ausflugslokal geöffnet hat. Der Sultan zog mit seinem Hofstaat fast jeden Winter für ein paar Wochen hierher, um zu jagen.

Sie sitzen auf dem Diwan und der Tee schimmert rötlich in den bauchigen Teegläschen. Der Tee ist süß und heiß. Mit jedem Schluck trinkt Gülten ein Stück Türkei. Jeden Sommer fahren sie hierher. Manchmal stellt Gülten sich vor, im Herbst oder im Winter hier zu sein, wenn auf den Berghängen Schnee liegt und im schwarzen Kohleofen das Holz knistert.

Früher wohnten auch Onkel Bekir und Birhan hier. Aber Onkel Bekir ist schon vor Jahren nach Ankara gezogen, hat sich von Tante Nurcan scheiden lassen – und Birhan ist tot. Bis auf die kurze Zeit im Sommer ist das Haus ziemlich leer.

In den Ferien schläft Eser in Birhans Zimmer. Birhan hat nur wenige Jahre darin gelebt. Alle seine Plüschtiere sind noch immer auf einem Kindersessel versammelt und seine Spielzeugautos stehen ordentlich auf der Fensterbank.

Gülten liegt neben Tante Nurcan im Doppelbett. Tante Nurcan schnarcht furchtbar. Die Matratze hat eine Kuhle, in die Gülten immer wieder hineinrutscht wie ein junger Vogel in die Mitte des Nests. Nirgendwo schläft Gülten so gut wie neben Tante Nurcan.

Klaus und Ana haben es sich in Onkel Bekirs ehemaligem Arbeitszimmer bequem gemacht. Im Garten wachsen Oleanderbüsche. Eine große Zeder sorgt für Schatten. Am liebsten sitzt Gülten in einem der Korbsessel auf der Terrasse und liest. Abends versammeln sich alle im Wohnzimmer. Tante Nurcan zieht wegen der Mücken schon am frühen Abend die Holzläden vor den Fenstern zu. Auf den niedrigen Tischen vor den beiden Sofas liegen Häkeldeckchen. Im schweren Holzschrank seitlich an der Wand stehen türkische Bücher und die goldumrandeten Teegläschen. Zu den oberen Räumen führt eine Treppe ohne Geländer, an die man sich jedes Jahr erst wieder gewöhnen muss.

Onkel Bekir hat einen hohen Posten bei der türkischen Armee. Obwohl er so lange hier gelebt hat, wird von ihm nicht mehr gesprochen. Auch von Latife wird nicht gesprochen, seiner neuen Frau mit den roten Fingernägeln und den hochhackigen Pumps, die Lehrerin in Ankara ist, Gymnasiallehrerin. Es war Birhan, der Latife in die Hand biss an jenem Tag, als Latife in der Tür dieses Hauses in Ulumur erschien und Tante Nurcan fragte, ob sie nicht bald ausziehen wolle.

„Kader", sagt Mesut – Schicksal, Allah wollte es so – und sieht hinüber an die Wand, wo in einem goldenen Rahmen der kleine Birhan vor sich hin lächelt. Birhan, Mesuts jüngerer Bruder, der vor fünf Jahren in Deutschland starb. Alle starren sie jetzt das Foto von Birhan an. Der Fotograf hat es am Tag von Birhans Beschneidungsfest gemacht. Birhan trägt die Prinzenuniform und lächelt. Nur Tante Nurcan sieht nicht hin. Sie hat die Paprikawurst aus dem Kühlschrank geholt und schneidet ein Stück davon für die Katze ab.

„Ich halte das nicht aus. Ich will mit Eser zurück nach Deutschland", stöhnt Ana.

„Der Mensch ist härter als Stein und zarter als eine Rose", sagt Tante Nurcan leise. „Er hält alles aus, dafür hat uns Allah geschaffen." Sie meint nicht ihre Schwester, sondern sich selbst.

„Du sprichst wie der Dede", sagt Gülten. „Dauernd irgendwelche Sprichwörter."

„Eser und ich, wir müssen mit dem nächsten Flugzeug zurück. Ich habe mit Dr. Becker von den Neurologen telefoniert. Er will Eser sofort untersuchen und die Tests mit ihm machen."

„Ich will nicht heim wegen dieser Scheißkrankheit!", schreit Eser und spießt wütend ein Melonenstück mit der Gabel auf.

Das Telefon schrillt. Alle sehen auf. Keiner geht dran. Plötzlich setzt es aus.

„Ich erwarte keinen Anruf", sagt Tante Nurcan.

„Ist sowieso für mich." Mesut erhebt sich.

„Einer von deinen Muslimbrüdern* wahrscheinlich", bemerkt Tante Nurcan abfällig. Wie alle Mütter hat sie Probleme mit den Freunden ihres Sohnes.

Das Telefonklingeln setzt wieder ein.

Mesut greift zum Hörer. „Efendim?"

Alle denken an den kleinen Birhan und Eser mit dieser Krankheit, die ihnen Angst einjagt. Keiner sagt etwas. Sollen doch Mesuts verrückte Freunde anrufen, denkt Tante Nurcan. Soll doch die Welt untergehen, denkt Ana. Alles ist belanglos geworden, denkt Gülten. Es gibt nur noch Eser und die Krankheit, die auf keinen Fall Birhans Krankheit sein darf.

„Für dich", sagt Mesut trocken und hält den Hörer in die Luft.

„Die brauchen mich sicher in der Klinik!" Ana ist aufgesprungen.

„Für Gülten", sagt Mesut.

Es ist Tülay. Ihre Stimme ist so komisch verheult, dass Gülten sie nicht gleich erkennt. Sie ruft aus Şekerdag an, dem kleinen Ort in den Bergen.

„Du, ich ruf dich heimlich an", sagt Tülay auf Deutsch. „Gülten, es ist etwas Schreckliches passiert."

„Sag schon, was ist los? So schlimm kann es nicht sein."

„Sie wollen mich hier verheiraten, mit einem Typen aus dem Dorf. Er ist der Sohn des Restaurantbesitzers. Noch in diesen Ferien. Mensch Gülten, stell dir das mal vor! Ich bring mich um."

„Und jetzt willst du mich zur Hochzeit einladen, oder was?"

„Hör auf, wie eine Idiotin zu reden!"

Tülay erklärt, dass sie sich umbringen wird. Dass sie nie und nimmer einen Mann aus diesem Ort in den Bergen heiraten wird. Dass sie ihre Eltern nur noch hassen kann und dass Gülten ihre letzte und einzige Hoffnung ist. Ihre Eltern hätten ihr erklärt, sie sei jetzt alt genug, Deutschland sei voller Gefahren für ein Mädchen wie sie. Dieser junge Mann namens Erkan und seine Familie seien dagegen gute alte Bekannte. Man könne seine Tochter doch nicht irgendeinem Fremden in Deutschland geben.

„Warum sagst du nichts?", fragt Tülay.

„Ich muss überlegen", sagt Gülten hilflos.

„Es gibt nichts zu überlegen, für mich nicht. Ich will zurück nach Frankfurt. Ich kann nicht mal richtig Türkisch. Mit diesem Land hab ich nichts zu tun. Holt mich hier raus! Dein Vater soll mich nach Deutschland zurückbringen. Ihr müsst etwas tun. Du bist meine beste Freundin, du kannst mich nicht hängen lassen. Ich hab nur noch dich!", schreit Tülay. „Wir kennen uns, seit wir zusammen im Kindergarten waren."

„Ich lass dich nicht hängen, Tülay", sagt Gülten. „Versprochen."

„Kader", sagt Ana, als Gülten erzählt hat, worum es geht. Schicksal klingt zwar auch dumpf und endgültig, aber kader ist in der Türkei noch härter und unausweichlicher als in Almanya mit seinen mindestens tausend Schlupflöchern.

„Was soll man da schon machen“, meint auch Tante Nurcan. „Es ist nicht ayip, sich in die Familiengeschichten anderer Leute einzumischen.“ Hundertmal hat Gülten schon gehört, was alles nicht ayip ist. Sich bei Tisch die Nase zu putzen gehört dazu. Und älteren Leuten freche Antworten zu geben, die Spezialität von Eser.

„Tülay möchte aber, dass wir uns einmischen!“, ruft Gülten. „Sie will nicht verheiratet werden!“

„Sei nicht so dünnhäutig. Du drehst doch nur durch wegen Eser“, sagt Ana und denkt noch einmal über Tülay nach. „Ich finde es auch nicht gut. Aber man kann wenig machen.“

„Man könnte mal hinfahren und mit Orhan und Fadime reden“, schlägt Klaus vor. Es ist ihm nicht unbedingt angenehm, sich mit Tülays Familie zu treffen. Das hat mit einer alten Geschichte zu tun, über die er nicht gern spricht. Immer wenn er Orhan und Fadime trifft, schämt er sich wieder.

„Tülays Vater hat dich damals nach Hause gebracht, mitten in der Nacht.“ Ana verzieht das Gesicht. Selbst nach so vielen Jahren ist ihr die Sache noch peinlich.

Und Klaus natürlich auch. „Es war ein Fehler, gleich das Auto zu kaufen. Und dass ich zur Feier des Tages so viel getrunken habe. Danach hab ich so gut wie nie mehr Raki* angerührt“, sagt er schuldbewusst. „Ich vertrage das Zeug nicht. Es macht mich depressiv.“

„Auf mich werden sie gerade hören, wo sie doch genau wissen, wie ich über meine Heimat, den Islam* und bestimmte Traditionen von hier denke“, sagt Ana. „Außerdem habe ich dafür gekämpft, dass ich meinen ungläubigen Deutschen heiraten durfte …“

„... und ich habe dafür gekämpft, dass ich meinen gottlosen Kemalisten* heiraten durfte", setzt Tante Nurcan hinzu.

„*Allah leitet die Menschen. Und wen er nicht leiten will, den leitet er nicht*", versucht Mesut zu witzeln. Der „gottlose Kemalist" ist schließlich sein Vater. Bekir Sahil, Oberst der türkischen Luftwaffe.

„Auch euer Vater hat in der ersten Zeit nicht mit mir gesprochen", gibt Klaus zu bedenken. „Aber er hätte seine Töchter nicht zwangsverheiratet. Der Dede hat immer gesagt, dass Ehepartner nur freiwillig miteinander verbunden werden dürfen."

„Er hat einfach Angst vor den deutschen Männern gehabt", sagt Ana. „Aber natürlich auch davor, dass seine Enkel ganz ohne den Islam groß werden könnten."

Mesut lächelt süffisant.

„Lasst euch was einfallen", zischt Eser. „Diese rückständigen, dummen Bauern bringen es fertig und verheiraten Tülay vor unseren Augen."

„Sie sind keine rückständigen, dummen Bauern", widerspricht Ana. „Sie haben ganz einfach Angst, dass Tülay wie die deutschen Mädchen wird. Bauchnabelpiercing, eins in der Nase und noch eins in der Zunge oder sonst wo. Ein Freund nach dem andern. Jedes Wochenende in die Disco und irgendwann Drogen. Da wollen sie auf Nummer sicher gehen und verheiraten sie vor dem ersten Piercing."

„Ich verstehe", spottet Eser. „Wir müssen auch Gülten retten, am besten, indem wir sie ganz schnell mit Mesut verheiraten. Sie wollte sich nach den Ferien ein Piercing machen lassen. Und mit Erik bahnt sich etwas an. Der hat sie schon zweimal zu Hause angerufen.“ Das mit dem Piercing hat Eser sich auf die Schnelle ausgedacht.

Mesuts Gesicht verfinstert sich.

„Der redet heute nur Unsinn“, greift Gülten ein.

„Sie haben nicht die Nerven, um seelenruhig abzuwarten, bis die Phase mit den Piercings und der Disco vorbei ist. Deutschen Eltern bleibt nichts anderes übrig“, sagt Klaus. „Die können ihre sechzehnjährigen Töchter nicht einfach so mit einem Arbeitskollegen verheiraten.“

„Türkische Eltern tun das im Normalfall auch nicht“, stellt Ana klar. „Es ist so ziemlich die Ausnahme.“

„Es ist in der Türkei vermutlich ebenso die Ausnahme wie die ganz freie Liebesheirat. Meistens ist es so ein Mittelding“, versucht Klaus zu erklären.

„Kennt sich aus, unser Vater“, bemerkt Eser.

„Das mit dem Heiraten ist nun mal etwas anders hier“, sagt Ana. „Die Fäden werden von den Familien gezogen, aber meistens ziehen die Töchter und Söhne auch irgendwie mit.“

Klaus zuckt die Achseln.

„Egal, wie es ist.“ Ana sieht Hilfe suchend in die Runde. „Ich bin immer gern bei Orhan und Fadime gewesen. Und sie laden uns ja auch jedes Jahr ein. Wir sollten einfach rüberfahren. Wenn bloß der Weg nicht so irrsinnig wäre. Letztes Jahr haben wir fast den ganzen Tag gebraucht.“

„Wir müssen hinfahren“, sagt Gülten. „Ich rufe Tülay an und sage ihr, dass wir kommen. Außerdem rufe ich den Dede an.“

„Der steckt doch unter einer Decke mit denen …“

„Nein, Easy. Nie und nimmer“, bremst ihn Gülten.

„Wetten? Die haben vorher mit ihm gesprochen. Lass ihn am besten aus dem Spiel."

„Nein", sagt Ana. „So ist er nicht. Ich kann es mir nicht vorstellen."

„Ich frag ihn selbst." Gülten ist eine Idee gekommen, aber davon will sie den anderen noch nichts sagen.

4. Kapitel: Isthikhara

Eigentlich wollten sie Tante Nurcan nicht wecken. Aber die Tante und Mesut sind schon wach. Sie sind nach dem Morgengebet aufgeblieben. Wasser und Tee sind im Samowar vorbereitet und für Klaus blubbert ein Filterkaffee in der Kaffeemaschine.

Klaus niest lautstark durchs Haus – wie immer, wenn er zu früh aufgestanden ist. Eser sucht nach seinen Kopfhörern. Schließlich findet er sie unter dem Diwan. Sie reden nicht, während sie ihren Tee trinken und jeder hastig einen Sesamkringel verspeist. Mesut hat sie auf dem Rückweg von der Moschee frisch vom Bäcker geholt und außerdem noch zwei Stangen Brot für unterwegs.

„Dreh nicht durch, Rabia", sagt Klaus zu Ana, die Mesuts Van aufschließt. „Wir können es nur besser machen. Schlecht ist es schon."

Im Innenraum des Wagens riecht es nach kaltem Zigarettenrauch und Lederjacke, nach Mesut.

„Es wird nichts bringen", sagt Ana mutlos.

„Wir versuchen es halt. Orhan hat mit mir zusammen in der Werkstatt gearbeitet, damals, ganz am Anfang. Denk daran, wie viel sie von deinem Vater halten. Er ist der Hodscha* und es hat Gewicht, wenn er einen Rat gibt."

„Der Dede kann kaum das Telefon bedienen", stöhnt Ana. „Er kommt nicht durch. In den letzten zwei Jahren hat er es nicht mehr geschafft, eine Nummer in der Türkei anzuwählen."

„Aber jetzt hat er doch die Lesebrille", sagt Eser. „Der Dede ist kein Depp."

„Mit Allahs Hilfe hat er sich die Nummer richtig aufgeschrieben", sagt Klaus. „Er wird drei Anläufe brauchen, aber dann wird er es schaffen." In Momenten wie diesen mag Gülten ihren Vater besonders, weil er immer die Nerven behält. Muss an den vielen Schokoladenpuddings liegen.

Ana sitzt diesmal am Steuer, weil sie den Weg besser kennt. Sie hat die Brille aufgesetzt und sieht angestrengt geradeaus. Über ihr hängen das Auge aus blauem Glasfluss gegen den bösen Blick und der Wimpel von Galatasaray Istanbul, Mesuts Lieblingsfußballclub. Klaus futtert Pistazienkerne, schmatzt dabei zufrieden und denkt nicht daran, die Tüte nach hinten zu Gülten und Eser zu reichen.

Ab und zu überholt Ana ein Dolmusch* oder einen Maultierwagen, der Wassermelonen geladen hat. Die Straße führt in Serpentinen ins Gebirge hoch. Seitlich fällt der Hang schroff ab. Gülten kann nicht mehr aus dem Fenster sehen. Ab und zu geht die Straße in eine geschotterte Strecke über. Gülten ist jetzt schon schlecht. Aber sie muss durchhalten, das ist sie Tülay schuldig.

„Noch fünfzig Kilometer durch die Berge und keine Klimaanlage", stöhnt Ana.

Eser zieht Grimassen. Er hat inzwischen die Kopfhörer seines iPods aufgesetzt, wippt mit den Füßen und hört nicht hin, wenn Gülten etwas sagen will.

Ana hat die Zeki-Müren-CD eingeschoben und Klaus ärgert sich, weil er Roland Kaiser hören will. War Zeki Müren eigentlich ein Mann oder eine Frau? Oder, wie manche sagen, ein Mann und eine Frau zugleich? Gülten hat es vergessen.

„Auf dem Rückweg kannst du meinetwegen Roland Kaiser hören", versichert Ana. „Dann schlafe ich und du fährst."

„Ich bin nun mal ein romantischer Typ", brummt Klaus.

Ähnlich wie Ulumur liegt auch Şekerdag, Tülays Heimatdorf, auf halber Höhe am Berghang. Auch hier ist die Straße geschottert. Links und rechts weiden Ziegen unter knorrigen Olivenbäumen.

Sie fahren bis zur Ortsmitte. Vor dem Männerkaffee sitzen dunkel gekleidete Männer, die Zeitung lesen, Zigaretten rauchen und ab und zu einen Schluck Tee trinken. Einige spielen Tavla*. Ein Hund döst im Schatten und hebt kaum den Kopf, als sie aus dem Van steigen. Keyif*-Zeit. Die Zeit, in der Frauen ihre Männer keinesfalls stören dürfen.

„Ich hab einen Wahnsinnshunger", jammert Klaus.

„Es ist schon zwei", sagt Ana.

Dabei hat sie sich nur an zwei Stellen verfahren.

„Schön, dass ihr gekommen seid!" Fadime, Tülays Mutter, fällt Ana um den Hals.

Tülays Familie wohnt wie in jedem Jahr bei ihren Verwandten, die die Bäckerei des kleinen Ortes betreiben. Unten im Haus ist die Bäckerei, im Stockwerk darüber wohnt die Familie. Eine große Veranda über der Garage wird von einem Dach aus Holzstangen, die mit Weinranken überwachsen sind, vor der Sonne geschützt.

„Sie denkt bestimmt, wir wollen ihnen gratulieren", flüstert Eser Gülten zu, während sie die Steintreppe zur Veranda hochsteigen.

„Ich bin so froh, dass ihr da seid!" Tülay umarmt Gülten stürmisch.

„Wir sind nicht Allah", sagt Gülten hilflos.

„Trotzdem danke. Hattet ihr eine gute Fahrt?"

Tülay stellt Gülten ein dünnes, blasses Mädchen mit traurigen Augen vor: „Meine Cousine Perihan. Sie ist im gleichen Jahr wie ich geboren."

Perihan trägt Jeans und ein weißes T-Shirt. Sie hat halblange braune Haare und Gülten findet, dass sie kränklich aussieht.

Klaus zieht seine Schuhe aus und stapft auf Socken ins Haus, weil es da am kühlsten ist, lässt sich auf den Diwan fallen und ist erst mal erledigt.

Die Sofra ist schon hergerichtet, die festliche Metallplatte mit den Vorspeisen und kalten Soßen, die man einfach auf den Boden stellt, auf ein ausgebreitetes Tuch. Der Vorteil der Sofra ist, dass mehr Leute Platz haben, als wenn alle auf Stühlen um einen Tisch herumsitzen. Zunächst lässt man die schön angerichteten Sachen eine Zeit lang unberührt: Die Essenstafel lobt Allah.

Gülten wird es ganz flau bei der freundlichen Begrüßung durch Tülays Eltern und den Onkel und die Tante. Wie sollen sie Tülays Problem ansprechen, wenn die Stimmung so gut ist? Perihan erzählt, dass sie den besten Mittelschulabschluss gemacht hat und jetzt ein Gymnasium besucht.

Sie passt nicht hierher ins Dorf, denkt Gülten. Perihan wird bestimmt nicht hier bleiben. Nicht auf Dauer. Tatsache ist, dass die Bäckerfamilie bei Weitem nicht so streng islamisch lebt wie ihre Verwandten Orhan und Fadime in Frankfurt. Gülten überlegt, ob Perihan ein Kopftuch aufsetzt, wenn sie das Haus verlässt. Da sie ein kurzärmeliges T-Shirt anhat, ist anzunehmen, dass sie ohne Kopftuch zum Einkaufen und zur Schule geht.

Sie hocken sich mit untergeschlagenen Beinen um die Essenstafel. Perihan sitzt Gülten gegenüber und lächelt sie an. Klaus und Eser machen sich über den Mezeteller* her. Gülten kann nur etwas Weißbrot mit Sesampaste essen. Was ist das für eine Welt, in der man seine Tochter gegen deren Willen mit einem fremden Mann verheiratet? Das passt nicht zu all dem Schönen, was Allah im Koran zu den Menschen sagt. Allah hat so etwas nie und nimmer im Koran ausgesprochen, in dem heiligen Buch, das er den Menschen geschickt hat, nicht um es ihnen schwer, sondern um es ihnen leicht zu machen. Das würde der Dede dazu sagen.

„Welche Musik hörst du am liebsten?", will Eser von Perihan wissen, seine Standardfrage.

„Die *Stones*", sagt Perihan, als hätte sie auf diese Frage gewartet.

„Oh nein!", stöhnt Eser und verdreht die Augen. „So uralt bist du doch gar nicht, oder?"

Perihans kleine Brüder stoßen sich kichernd an, weil sein Türkisch so fremdartig klingt.

„Die *Stones* sind die Größten", beharrt Perihan.

Danach löffeln sie die Sulu köfte, eine Fleischklößchensuppe.

„Sie ist wieder sehr gut. Die beste Sulu köfte von ganz Frankfurt", seufzt Ana zufrieden.

„Nein, nein, es ist nicht mein Rezept. Erkans Mutter hat sie gekocht und herübergebracht", berichtet Fadime stolz.

Jetzt sieht Tülay so aus, als würde sie gleich in Tränen ausbrechen.

Nach dem Essen setzen sie sich alle auf die Veranda. Orhan ermuntert Klaus, sich eine Zigarette anzustecken. Tülay bringt das Tablett mit den Teegläschen.

„Die Akdogans haben es auch so gemacht", sagt Orhan plötzlich sehr ernst zu Klaus. Gülten weiß sofort, was gemeint ist. Auch Ana zuckt zusammen.

„Ja", sagt Klaus, bemüht, höflich zu bleiben.

Perihans Gesicht sieht auf einmal seltsam aus. Als ob sie mit den Tränen kämpft. Außer Gülten fällt es niemandem auf.

„Es ist gut geworden", fügt Orhan hinzu. „Ich kenne noch einige Familien, die ihre Töchter hierher verheiratet haben. Es gibt schon Enkel. Wie kann denn ein türkisches Mädchen mit einem deutschen Mann in Frankfurt glücklich werden? Sie wird vielleicht gehindert, in die Moschee zu gehen. Wie soll sie den Ramadan* halten, wenn ihre Familie dagegen ist?"

„Ich hindere Rabia nicht daran, den Ramadan einzuhalten", sagt Klaus. „Und die Kinder, du siehst, wie sie sind. Ich habe keinen Zwang ausgeübt, sie dürfen glauben, was sie für richtig halten."

„Du bist eine Ausnahme. Aber die meisten deutschen Männer sind anders."

Klaus seufzt, schweigt dann lieber und greift sich ein Stück Baklava*.

Das Telefon klingelt in die Stille des Nachmittags. Der Dede hat es geschafft. Mit oder ohne Lesebrille hat er die

Nummer richtig aufgeschrieben und auch die Zahlen getroffen.

Tülays Onkel rennt ins Haus, nimmt den Hörer ab und stellt laut. „Für dich, Orhan!“, ruft er. „Aus Frankfurt.“

Sie hören den Raucherhusten des Dede.

„Es ist schwer, den richtigen Ehepartner für seine Tochter zu finden“, sagt der Dede.

Eser verdreht die Augen und grinst. „Sehr weise, unser Dede“, flüstert er.

„Ja, es ist nicht leicht“, sagt Tülays Vater. „Unsere Tochter ist zudem sehr uneinsichtig.“

„Ich habe mit einigen anderen Männern aus der Gemeinde geredet“, fährt der Dede fort. „Wir werden jetzt für euch das Isthikhara-Gebet sprechen. Und dann müssen wir alle Geduld haben, bis Allah uns im Traum eine Belehrung schickt. Wir müssen Gutes aus Allahs Wissen erbitten und ihn um Kraft aus seiner Kraft bitten. Auch ihr und die Leute aus eurer Verwandtschaft solltet das Isthikhara-Gebet nach dem Ischa-Gebet* vor dem Schlafengehen beten. Das Heiraten kennt in unserem Glauben keine leichtfertigen Wege.“

„Aber das alles wird Wochen dauern“, setzt Tülays Vater an.

„Die Zeichen Allahs abzuwarten ist wichtig für die spätere Ehe“, sagt der Dede unwirsch. „Keine Nikah* ohne die Einwilligung des Himmels. Tülay und ihr Mann werden sich später bei Streitigkeiten an die Isthikhara-Zeit erinnern und an die Zeichen, die Allah ihnen sandte. Der Gesandte selbst, der Segen Allahs sei auf ihm, hat gesagt: *Eine Frau ohne Ehemann darf nicht verheiratet* *werden, bis sie zugestimmt hat, und eine Jungfrau darf nicht verheiratet werden, bis sie ihre Erlaubnis dazu gegeben hat.*" Dann legt der Dede einfach auf.

„Tülay und Erkan könnten auch im Winter heiraten", schlägt Fadime vor.

„Im Winter kann man schlecht ein Fest für alle machen", entgegnet Tülays Vater.

„Wenn ihr bis nächstes Jahr wartet, kann sie das elfte Schuljahr noch abschließen", meint Ana.

„Ach, Rabia Abla*, sie hat den Kopf schon zu voll mit Bücherwissen. Das wird ihr aber nichts nützen für ihre Familie."

„Sieh mich an", sagt Ana. „Es ist immer gut, wenn eine Frau einen Beruf gelernt hat und zur Not die Familie über Wasser halten kann. Die Geschäfte laufen nicht immer gut."

„Bei Allah, das ist wahr", seufzt Tülays Vater. „Es ist hart, wenn du selbstständig bist."

Gülten senkt den Blick und auch Eser schaut auf den Teppich hinunter. Jetzt denken alle im Raum an die schreckliche Nacht, in der Klaus, nachdem er mit den anderen Männern beim Raki in der Werkstatt zusammengesessen hatte, mit dem Hammer auf sein neues Auto losgegangen war. Orhan hat damals den Mut gehabt, Klaus den Hammer aus der Hand zu nehmen und ihn nach Hause zu bringen. Jeder am Tisch kennt die Geschichte. Dieses Erlebnis wird sie alle für immer miteinander verbinden.

„Wenn sie eine bessere Ausbildung hat, bekommt sie mehr Geld", sagt Ana. „Daran müsst ihr auch denken. Es kommen nicht viele Touristen hier durch den Ort."

„Das ändert sich, wenn die neue Straße gebaut ist“, meint Tülays Vater, aber es klingt unsicher. „Sie wollen hier auch eine Ferienkolonie bauen.“

„Şekerdag ist zu weit vom Meer entfernt. Was kannst du hier schon machen? Die Touristen wollen baden und sich amüsieren“, sagt Klaus.

„Unsereiner hat nichts als gearbeitet“, sagt Fadime. „Harte Arbeit für wenig Geld. Du hast Glück gehabt, Rabia Abla, dass du es im Krankenhaus so weit gebracht hast.“

„Und dass du mich kennengelernt hast“, sagt Klaus.

Alle lachen.

„Klaus macht sogar beim Ramadan mit“, sagt Ana. „Er hat es zwar wieder nicht durchgehalten, aber er versucht es jedes Jahr.“

Haben sie es geschafft? Gülten wagt nicht, zu Ana hinüberzusehen. Tülay stößt mit dem Fuß leicht gegen ihr Schienbein. Es sieht wirklich so aus, als werde die Hochzeit aufgeschoben.

„Und wie ich durchgehalten habe!“, ruft Klaus und lacht über sich selbst.

5. Kapitel: Cuma

Tante Nurcan hat sich fein gemacht. Sie legt Maiskolben in den Topf mit siedendem Wasser auf dem Herd. „Bedient euch“, sagt sie und nickt Ana und Gülten zu. „Ich gehe zur Moschee.“

In der Garderobe setzt sie ein schwarz-weiß gemustertes Kopftuch auf und zieht den knöchellangen Mantel an. Wenn man zur Cuma* in die Moschee geht, badet oder duscht man vorher und zieht frische Kleidung an.

Eser sitzt auf dem Diwan, hält mit spitzen Fingern das Teeglas mit dem Goldrand und nimmt ab und zu einen Schluck. Ana hat es sich auf dem Teppich bequem gemacht und blättert in einer türkischen Illustrierten.

Mesut kommt die Treppe herunter. Er trägt die kleine, gehäkelte Kopfbedeckung und duftet nach Rasierwasser.

Tante Nurcan lächelt ihm zu. „Bekir hat damals verboten, dass Mesut auf die Imam*-Hatip-Schule geht. Gegen den Willen seines Vaters konnte Mesut nicht aufgenommen werden. Aber Nurgül hat einen Platz bekommen. Sie lernt dort Englisch und Deutsch, Informatik und Koranrecht. Sie hat ganz schön Glück gehabt. Es gibt viel mehr Bewerber als Plätze.“

Nurgül ist eine der Enkelinnen von Dedes Schwester.

„Nurgül hat mir ein Kopftuch geschenkt, das sie auf dem Computer entworfen und dann gewebt haben“, erzählt Tante Nurcan weiter. Sie holt ein farbenprächtiges Baschörtüsü* hervor. „Es ist eine sehr gute Schule.“

„Im ganzen Land gibt es eine Menge Imam-Hatip-Schüler“, sagt Mesut mit einem Seufzer. „Ich dagegen musste mein Arabisch abends in der Koranschule bei der

Moschee lernen, wenn ich schon müde war." Er nickt Eser zu. „Gehen wir", schlägt er vor.

„Wohin?", fragt Eser.

„Es ist Freitag."

„Du kriegst mich nicht in deine Moschee. Ich bin kein Muslim."

„Ist in Ordnung. Hab mir schon gedacht, dass du nicht mitkommst."

Die Haustür fällt hinter Tante Nurcan und Mesut ins Schloss.

„Anne?", fragt Gülten zögernd.

„Ich will nicht mit", sagt Ana. „Lange genug bin ich jeden Freitag zur Moschee gegangen. Das muss für den Rest meines Lebens reichen. Frauen müssen ja auch nicht regelmäßig hin, wegen ihrer häuslichen Verpflichtungen." Sie lacht kurz und verlegen. *„Es darf kein Zwang sein in Sachen der Religion.* Weißt du, wo das steht?"

Gülten sieht sie fragend an.

„Im Koran", sagt Ana. „Mohammed* wurde es so offenbart."

„Du weißt eine ganze Menge über den Islam. Ich glaube, du bist eine heimliche Muslima, eine, die kein Kopftuch trägt."

„Es gibt ein inneres und ein äußeres Kopftuch." Ana verrät aber nicht, ob sie sich wirklich für eine heimliche Muslima hält.

Mesut und Tante Nurcan gehen den Weg zum Hügel hoch. Gülten steht am Fenster und blickt ihnen nach. „Ich nehme das Kopftuch von Nurgül", sagt sie.

Sie geht ins Bad, wäscht sich hastig und putzt sich die Zähne. Das Kopftuch passt nicht zu den Sachen, die sie anhat. Egal. Gülten schiebt auch noch die letzten Haarsträhnen unter das Tuch. Ihr Gesicht kommt ihr jetzt sehr nackt vor. Kein Lippenstift, kein Augen-Make-up. Nurgül geht in eine Schule, in der sie täglich Koranunterricht hat, in der Jungen und Mädchen in getrennten Klassenräumen lernen dürfen. Der Turnunterricht muss richtig Spaß machen, ohne Jungs, die einem dauernd auf die Brüste starren.

Den steilen Weg hinüber zur Wintermoschee kennt sie ja. Aber es ist schon eigenartig, ganz allein zu gehen. Sie versucht, alle bösen Gedanken abzulegen. Sie versöhnt sich innerlich mit Eser, der nichts vom Koran hören will, mit Tülay, die auch nichts mit dem Koran im Sinn hat, mit dem arroganten Erik, für den das Leben nur Sport und Spaß ist. Das Tor zum Garten der Moschee steht weit offen. Sie geht zum Nebeneingang, streift die Schuhe ab und legt sie oben auf den Berg von Frauen- und Kinderschuhen.

Der Vorbeter hat noch nicht angefangen. Der kleine Saal ist sehr voll. Gülten nickt zu Tante Nurcan in der Frauenecke hinüber, sucht sich einen Platz und lässt sich auf den Fersen nieder. Alle im Raum schauen in die Gebetsrichtung nach Mekka.

Gülten beginnt mit der Fatiha und betet danach noch fünf Rakat* still für sich. Sie bittet Allah, Esers Krankheit zu heilen. „Lass es nicht das sein, was Mesuts Bruder hatte. Und wenn es doch dasselbe ist, dann mach, dass die Ärzte es heilen können." Anschließend betet sie noch für Erik und Tülay.

Sie will jetzt gar nicht weiter an Erik denken, auch nicht an Mesut. Aber ihr Herz klopft. Sie denkt, dass

Mesut hinter der Holzwand auf dem Boden der Moschee kauert und Erik gerade durch Meer und Sonne surft. Und Tülay in Şekerdag wird wie sie gerade in der Frauenecke beten.

Sie sind alle miteinander verbunden. Erik geht seit ein paar Jahren mit ihr in dieselbe Klasse, Tülay ist ihre beste Freundin und Mesut ist ihr Cousin, in den sie verliebt ist. In gewisser Weise ist Mesut die ganze Türkei. Allah wird verstehen, was sie mit Mesut verbindet.

„Mach, dass Tülay gute Gedanken hat und nicht weinen muss. Du kannst es", betet Gülten.

„Bismillah hirrahman nirrahim", beginnt der Vorbeter. *„Im Namen Allahs, des Gnädigen, des Barmherzigen …"*

Seine Stimme wird eins mit der des Dede, der sonst immer die gleichen Worte im gleichen Tonfall in Frankfurt betet, in der kleinen Hinterhofmoschee, die eigentlich nur ein Lagerraum mit zwei Wasserhähnen und einem Büro nebenan ist. Das ist ihr Ort. Allah wird Esers Krankheit heilen. Allah wird verhindern, dass es wirklich schlimm wird. Was Tülays Heirat angeht, wird er eine Erleuchtung schicken. Tülay wird auf alle Fälle zurück nach Frankfurt kommen. Das Leben ist wieder, wie es sein soll. Es ist Freitag, Cuma, ein wunderbarer, friedlicher Freitag in der Geborgenheit der Moschee. Hier ist sie zu Hause. Hier ist der Ort, an den sie gehört.

Zweiter Teil

6. Kapitel: Derwischstunde

Erik bleibt vor Gülten stehen. Seine Haare sind frisch gewaschen und gefönt, er trägt Jeans und ein Sweatshirt in Übergröße.

Die meisten Mädchen aus der 11. Jahrgangsstufe finden Erik cool. Gülten überlegt kurz, was er von ihr will und warum er ausgerechnet vor ihr stehen bleibt. Sie reden manchmal miteinander, aber ganz sachlich. Erik interessiert sich für Sprachen, in Mathe und Physik ist er schwach. Eine Zeit lang war er mit Eser zusammen in der Basketballmannschaft. Eser war sogar ein- oder zweimal zu Hause bei Erik, aber weil Erik sich weder für Musik noch für die *Really Bad Inline Online Boys* interessiert, ist keine größere Freundschaft daraus entstanden.

Gülten schreibt gerade an ihrem Mesut-Brief. Sie schreibt ununterbrochen an Mesut, in Gedanken. Das ist etwas anderes, als einen Brief zu Papier zu bringen, in einen Umschlag zu stecken und wirklich abzuschicken. Mevgili Mesut, lieber Mesut, ich mag Erik nicht besonders, aber man kann sich gut mit ihm unterhalten. Mit Jungs kann man irgendwie anders reden als mit Mädchen. Am besten geht es mit solchen, in die man nicht verliebt ist.

„Was machst du eigentlich hier vor der Klotür?“, fragt Erik. „Jeden Morgen stehst du vor der Klotür. Traust du dich nicht rein, oder was? Soll ich mitgehen? Mir macht es nichts aus, in die Mädchentoilette zu gehen.“

Mesut, ich erklär dir jetzt in diesem Brief, wie das mit Erik und mir ist.

„Gülten, ich hab dich was gefragt."

„Ich warte auf Tülay. Bis sie fertig ist mit Umziehen. Erzähl mal, wie war es in der Türkei?"

„Wir haben tolle Fotos und ein Video gemacht. Und zwei Teppiche gekauft. Es war Wahnsinn."

Gülten hat es nicht anders erwartet. In Eriks Welt geht es immer wahnsinnig zu.

„Ich wusste nicht, dass Konya so toll ist. Hab's mir ganz anders vorgestellt."

„Du warst in Konya? Ich dachte, du hast einen Surfkurs gemacht."

„Hab ich ja auch. Aber vor allem wollten wir nach Konya. Surfen kann man schließlich überall. Wir wollten das Grab von Dschelaladdin Rumi* besichtigen. Einmal die Hand dran halten und uns etwas wünschen …"

Sie weiß nicht viel von Dschelaladdin, nur dass er ein berühmter Dichter war, der Gedichte auf Persisch über Allah schrieb, und dass sein Grab in Konya ist. Ja, und auch, dass man sich am Grab Dschelaladdins etwas wünschen kann und dass dieser Wunsch in Erfüllung geht.

Was Erik sich wohl gewünscht hat? Sie traut sich nicht, ihn zu fragen.

„Friedhelm will immer, dass ich Sport mache, Friedhelm ist mein Vater. Aber nur surfen und am Strand herumhängen, das kann's ja wohl nicht sein. Machst du eigentlich gerne Urlaub, Gülten?"

Die Frage ist so absurd, dass Gülten ihn nur erstaunt anschauen kann. Auf die Sommerferien freut sie sich das ganze Jahr. Und in den Wochen davor zählt sie die Tage.

„Ich nicht. Es reißt mich aus allem raus. Ich bin gezwungen, mit meinem Vater und seiner Freundin zusammen zu sein, tagelang. Ich muss mich jeden Tag zusammenreißen und höflich sein, weil die Freundin sonst ausflippt. Es ist die anstrengendste Zeit im Jahr. Manchmal wünsche ich mir, ich wäre so normal wie du", sagt Erik. „Mit einer Schwester oder einem Bruder, richtigen Eltern und Opa und Oma und Onkeln und Tanten und morgens Frühstück und abends Abendessen …"

„Irgendetwas davon gibt's in deinem Leben bestimmt auch." Gülten überlegt. Er wird doch wohl frühstücken und zu Abend essen.

„Eben nicht." Nach dieser Antwort hastet Erik weiter.

Tülay kommt strahlend aus der Toilette. Mit Augen-Make-up und Lippenstift, in Jeans und Turnschuhen. Das Kopftuch, der lange Wollrock und die dunkelbraune Bluse, mit denen sie heute Morgen das Haus verließ, sind jetzt im Turnbeutel verstaut.

Die Johann-Wolfgang-Goethe-Schule ist eines von diesen um die Jahrhundertwende erbauten Schulgebäuden mit großen, hallenden Treppenaufgängen, Säulen im Gang und grünglasierten Kacheln an den Wänden. Eine Mischung aus Gefängnis und Schloss irgendwie. Für Tülay ist sie jetzt gerade Schloss und sie die Prinzessin. Ihre langen schwarzen Haare hängen offen herunter. Sie ist sehr hübsch und das will sie auch sein. Tülay freut sich über die bewundernden Blicke der Jungen. Und sie freut sich über die kleinen Komplimente ihrer Mitschülerinnen, wenn eine zum Beispiel fragt, wo sie ihren coolen, neuen Lippenstift gekauft hat.

„Ich mach mich nicht nur für die Jungs hübsch", sagt Tülay. „Ich brauch das vor allem für mich selbst. Ich fühle mich einfach besser mit Augen-Make-up. Versteht meine Mutter nie.“ Sie schaut abschätzig an Gülten herunter, der teure Klamotten nicht wichtig sind und die sich selten schminkt. „Du machst dir nichts draus, ich weiß. Aber ich könnte jeden Cent für Klamotten ausgeben.“

„Die neuen Jeans stehen dir echt gut“, sagt Gülten.

„In Jeans bist du einfach ein anderer Mensch“, erklärt Tülay. „Ein Mensch, der etwas vor sich hat. Ein Mensch, der hingehen kann, wohin er will. *We are free to go where we want to and to be what we are.*“ Einer der Sprüche, die mit Filzstift auf die Toilettentüren geschrieben sind. Gülten hat ihn auch gelesen.

„Der Rock sah aber auch nicht schlecht aus.“ Gülten findet Tülays Umkleideaktion jeden Morgen vor Schulbeginn und jeden Nachmittag nach der letzten Stunde übertrieben.

„Du hast gut reden. Dir schreibt keiner vor, dass du islamische Kleidung tragen sollst.“

„Ich darf nicht mit nacktem Bauchnabel herumlaufen wie die anderen Mädchen“, wendet Gülten ein. Ana hat es verboten. Ohne Begründung, aber es war ihr ernst.

„Diesen Idioten bin ich jedenfalls erst mal los“, sagt Tülay plötzlich.

Gülten zuckt zusammen. Die Erkan-Geschichte ist noch nicht ausgestanden. Das hat sie im Gefühl. „Hat bei euch schon jemand etwas geträumt?“

„Ich jedenfalls nicht.“

„Deine Mutter?“

„Sie hat von einem großen Fest in der Turnhalle geträumt. Ich als Braut im weißen Kleid, Geldscheine im Ausschnitt, aber weit und breit kein Bräutigam. Allerdings mit türkischer Musik und wunderbarem Essen.“

„Und dein Vater?"

„Der hat noch nie geträumt. Dieser Mann hat in seinem ganzen Leben keinen einzigen Traum gehabt. Oder er erinnert sich morgens nicht mehr daran." Tülay seufzt auf. „Meine Eltern sind total durchgeknallt. Stell dir vor, was sie jetzt vorhaben: Sie wollen Erkan nach Deutschland einladen. Zum Glück gibt's da noch ein großes Problem: Sie wissen nicht, wo er untergebracht werden soll. Bei uns in der Wohnung geht's schließlich nicht wegen der Schicklichkeit. Er könnte mich dann ja im Bademantel sehen und unkeusche Gedanken haben. Du glaubst nicht, wie ich diesen Typen hasse mit seinen Narben im Gesicht. Wenn er kommt, dann …" Tülay beendet den Satz nicht.

„Diese Hexe", stöhnt sie. Nadine, kurzes rotes Kraushaar, kleine, spitze Nase, dunkle Metallbrille, wie immer weiß geschminkt in schwarzen Sachen, das umgekehrte Kreuz an einer silbernen Kette für alle sichtbar über dem schwarzen Pullover, bleibt bei ihnen stehen. Nadine gehört zu einer Satanssekte. Sie benimmt sich im Unterricht ziemlich normal, mal abgesehen davon, dass sie im Deutschunterricht bei der Interpretation von Texten immer Todesmotive entdeckt, auch wenn garantiert keine vorhanden sind.

„Na?", fragt Gülten. Offensichtlich will Nadine etwas von ihr wissen.

„Dein Bruder ist schon seit zwei Tagen nicht mehr in der Schule gewesen."

Eser geht ebenfalls in die Jahrgangstufe 11. Weil er vor zwei Jahren hängengeblieben ist. Mit Nadine ist er im Ethikkurs zusammen.

Gülten zögert. Sie möchte nicht ausgerechnet Nadine von Esers Arztbesuchen und Blutabnahmeterminen erzählen.

„Dann behalt's eben für dich, dumme Zicke“, schnaubt Nadine und dreht sich beleidigt um. „Eser und ich machen zusammen ein Referat.“

„Über Satansmessen nachts auf dem Friedhof vermutlich“, kichert Tülay.

„Du hast von nichts 'ne Ahnung“, sagt Nadine hoheitsvoll. „Wirklich von nichts.“

Dede Ömer hat den grauen Kaftan* ausgezogen. Wenn er arbeitet, gerät er ins Schwitzen. In einem blauen Hemd und weißen Pluderhosen, ausgetretene Schlappen an den Füßen steht er in der Küche, über das Bügelbrett gebeugt, und fährt mit dem zischenden Dampfeisen über Esers Jeans.

„Ich hab dir hundertmal gesagt, dass du Esers Jeans nicht zu bügeln brauchst“, sagt Ana und steckt schnell noch ein Stück Brot in den Mund. Sie hat Spätdienst und muss gleich weg. Auf dem Küchentisch liegt neben ihrem Teller das medizinische Lexikon, das hellgrüne, in dem sie immer nachschlägt, sobald ein Familienmitglied mehr als einen Schnupfen hat. „Mach lieber meine Blusen fertig. Ich bin morgen zu Lingenfelder bestellt, dem Schuldirektor. Eser hat wieder irgendwelchen hinterletzten Quatsch gemacht. Den Mathelehrer beleidigt – womit hab ich das verdient?“

„Er hat ‚Fick dich ins Knie‘ zu ihm gesagt“, erzählt Gülten. „Das ist ein guter Grund, ihn von der Schule zu schmeißen.“ Wozu drum herumreden?

Der Dede hat sie nicht verstanden. „Ich tu es ja gerne", sagt er und faltet die Hose liebevoll zusammen. „Einmal terzi, immer terzi."

Terzi heißt Schneider. Ein Lächeln fliegt über das Gesicht von Dede Ömer. Wenn er lächelt, ist er der schönste Mensch auf Erden, denkt Gülten immer. Die Zeit als Änderungsschneider muss die beste in seinem Leben gewesen sein.

„Weißt du noch, wie Eser als kleiner Junge auf diesem Hocker in der Schneiderei saß und mir geholfen hat?"

„Eser ist krank und durchgedreht. Den kann man jetzt nicht von der Schule verweisen. Und dann wegen so was. Die Jungs reden doch heute alle so. Ich werde es Lingenfelder morgen erklären. So, ich muss wirklich weg", sagt Ana. Es klingt gehetzt.

„Er hat das Zeug zu einem guten terzi", sagt der Dede mit seiner sanftesten Tonlage, weil von Eser die Rede ist. „Vielleicht wird er einmal Chirurg …"

Ana sieht gequält aus. Der Dede lebt in seiner Welt und sie in ihrer. „Erst Lingenfelder, danach Dr. Becker. Sagt mir, wie ich den morgigen Tag überleben soll. Die ersten Ergebnisse müssen dann endlich da sein. Warum dauert das denn immer so ewig? Die Menschen können auf den Mond fliegen und auf den Mars, aber um herauszukriegen, was Eser genau hat, brauchen sie Wochen!"

„Reg dich nicht auf, Anne! Du schaffst es", beruhigt Gülten sie.

Der Dede legt die zusammengefaltete Hose auf den Hocker neben dem Bügelbrett. „Wahrscheinlich wird Erkan demnächst bei uns wohnen. Wir haben am Telefon schon über alles gesprochen …"

Ana dreht sich um und sieht aus, als wolle sie einen Schrei ausstoßen.

Der Dede lächelt sie verschmitzt an. „Es ist die beste Lösung. Ich habe Orhan und Fadime vorgeschlagen, ihn nach Frankfurt einzuladen. Er hat dann die Möglichkeit, Tülay etwas näher kennenzulernen. Und auch Tülay kann ihn ab und zu treffen und mit ihm sprechen, ohne ihre Ehre zu gefährden. Dann wird man ja sehen …"

„Es gibt Dinge …", beginnt Ana und hat Mühe, die Beherrschung nicht zu verlieren. „Es gibt Dinge, aus denen man sich besser heraushält. Ich sehe es so und Klaus sieht es so. Und du hast es auch immer so gesehen. Das musste wirklich nicht sein, dass dieser Erkan aus Şekerdag hierher kommt." Sie knallt die Tür zu, als sie geht.

Keine so gute Idee, Dede, wirklich nicht. Und dabei dachte ich, es wäre dir ernst damit gewesen, dass man Allahs nächtliche Ratschläge abwarten muss. Soll Tülay jetzt in die Ecke getrieben werden? Wollen sie sie auf diese Weise zur Heirat zwingen? Gülten traut sich nicht, dem Dede Vorwürfe zu machen.

„Warum siehst du mich so an?", fragt er.

Gülten senkt den Blick. Sie weiß einfach nicht, wie sie anfangen soll.

„Du hältst es auch für falsch, dass Erkan nach Frankfurt kommt?", will er wissen.

„Was soll denn deiner Meinung nach daran gut sein?", fragt Gülten zurück.

„Du weißt doch, dass nicht hier in Frankfurt geheiratet wird. Erkan wird ein paar Wochen bleiben. Tülay und er werden Gelegenheit haben, miteinander zu sprechen und sich kennenzulernen. Kann das ein Fehler sein?"

„Lassen wir es lieber", winkt Gülten ab. „Du hältst es für gut, aber Tülay hat Angst vor diesem Erkan. Sie hat Angst, dass er …"

„Er wird nichts Unehrenhaftes tun", sagt der Dede, als ob all dies in seiner Hand läge. „Aber sie werden sich kennenlernen und Allah wird in dieser Zeit sicher seine Ratschläge geben, denn alle, die beteiligt sind, werden mit geschärfter Aufmerksamkeit auf einen göttlichen Hinweis achten."

Sie bleibt skeptisch. Wahrscheinlich hat Allah ohnehin Wichtigeres zu tun, als sich um Tülays und Erkans Probleme zu kümmern.

„Dede", beginnt Gülten dann, „erzähl mal was von Dschelaladdin Rumi. Ich weiß eigentlich nur, dass er in Konya gelebt hat und dass dort sein Grab ist."

Der Dede freut sich immer, wenn sie ihm solche Fragen stellt.

„Ja", sagt er. „Wenn du eine Schule in der Türkei besuchen könntest, dann stünden in all deinen Lesebüchern Gedichte von Yunus Emre* und Dschelaladdin Rumi und du wüsstest, was es mit den Derwischen* auf sich hat. Ihr hättet längst einen Schulausflug nach Konya gemacht und einen Besinnungsaufsatz über Yunus Emre geschrieben."

Oh Mesut, schon wieder die Platte In-der-Türkei-wäre-alles-besser.

„Die Derwische waren Wanderprediger, die von Ort zu Ort zogen, aber es gab auch solche, die in Klöstern zusammenlebten."

„Sind das diejenigen, die man auch Sufis* nennt?", fragt Gülten.

„Derwisch ist ein persisches Wort und bedeutet Bettler. Die Derwische waren Bettelmönche und sie lebten in religiöser Gemeinschaft unter einem Scheich. Hier in Deutschland kennt man nur die tanzenden Derwische in den weißen Untergewändern des Mevlevi-Ordens*. Das Wort Sufi ist älter, es ist ein arabisches Wort und heißt eigentlich „der in Wolle Gekleidete". Derwische ist der Oberbegriff, Sufis sind die großen Denker und Philosophen unter ihnen."

Gülten schaltet das Bügeleisen aus. Heute Abend wird der Dede nicht mehr bügeln. Er hat es sich auf dem Küchenstuhl bequem gemacht und Gülten zieht den Klapphocker unter dem Tisch hervor.

Im Haus ist es still geworden. Klaus ist im Wohnzimmer längst vor dem Fernseher eingeschlafen. Eser hat oben unter dem Dach aufgehört, Keyboard zu spielen, und erledigt wohl jetzt die Schulaufgaben für morgen.

Der Dede seufzt. „Eigentlich wolltest du ja nur etwas über Dschelaladdin wissen. Dschelaladdin ist ein Thema für viele Abende. Ich koche erst einmal einen neuen Tee", sagt er dann und in seinen Augen blitzt es auf. Er macht sich am Samowar zu schaffen.

Jetzt ist es beinahe wie in Ulumur, wenn Tante Nurcan die Holzläden zugezogen hat, denkt Gülten, während sie nach dem Teegläschen greift. Nur du fehlst noch, Mesut. Stell dir vor, wie toll es wäre, wenn du dabei sein könntest.

„Dschelaladdin kam im Jahr 1207 in Balch zur Welt, im Norden Afghanistans. Am Schnittpunkt der großen Karawanenstraßen von China nach Persien. Hier lebten Buddhisten, ostpersische Derwische und islamische Philosophen. Dschelaladdins Vater war ein angesehener Theologe des sunnitischen* Islam. Er lehrte ihn, die Schriften auszulegen." Der Dede erzählt. Nach einer Weile gießt Gülten noch einmal Tee in die Gläschen und gibt in jedes zwei Würfelzuckerstücke hinein.

„An einem Oktobermorgen, Dschelaladdin war jetzt siebenunddreißig Jahre alt und lebte in Konya, traf er einen jungen Derwisch. Die beiden vertieften sich in ein theologisches Gespräch, das so aufwühlend war, dass Dschelaladdin in Ohnmacht fiel. Der fremde Derwisch hieß Schamseddin und kam aus Täbris. Seine Anhänger nannten ihn Sonne des Glaubens."

Der Dede hustet vor sich hin.

„Was war mit diesem Schamseddin?"

„Dschelaladdin verlor den Kopf und den Verstand seinetwegen. Tagelang saß er mit Schamseddin zusammen, fastete und redete. Sechs Monate lang wollte er niemanden sehen als Schamseddin, der ein hochmütiger junger Mann mit feurigen Augen war. Dschelaladdin begann, persische Gedichte zu schreiben, lernte auf der Saz* zu spielen und begann Wein zu trinken. Die Korangelehrten Konyas empörten sich über ein solches Maß von Ketzerei. Im rechtmäßigen Islam dieser Zeit waren Alkohol und Musik verpönt. Sie galten als heidnisch. Schließlich kam es sogar zu einem Volksaufstand vor Dschelaladdins Haus. Schamseddin musste die Stadt heimlich verlassen. Dschelaladdin war außer sich vor Schmerz."

„Er war verliebt in Schamseddin?", fragt Gülten.

„Ja, so war es. Er liebte ihn."

„Homoseksüel?"

„Ja, sicher", bestätigt Dede Ömer mit einem Seufzer. „Aber seine Liebe war viel mehr als nur körperlich. Er spürte eine Vorahnung vom Geheimnis des Göttlichen. *Ich brannte, ich verbrannte, ich verbrannte,* schrieb er in einem seiner Gedichte."

Ich brannte, ich verbrannte, ich verbrannte, oh Mesut, lieber Mesut, weißt du, dass ich genauso für dich fühle? Oh Mesut, der Dede müsste doch merken, dass ich an dich denke und nur an dich schon den ganzen Abend. Oder ist er schon so alt, dass er denkt, so eine brennende Liebe habe es nur in früheren Zeiten gegeben bei Leuten wie Dschelaladdin und Schamseddin?

Der Dede ist noch nicht fertig. „Die Liebe auf Erden war für Dschelaladdin nur eine Vorstufe zur himmlischen, wirklichen Liebe. So wie man kleinen Mädchen Puppen gibt, um sie auf ihre spätere Rolle als Mutter vorzubereiten."

„Es wird wieder Türkisch geredet", sagt Eser und geht zum Kühlschrank. Er hat schon seinen Schlafanzug an. „Wieder nichts drin außer Unmengen von Ayran*", stöhnt er.

„Setz dich zu uns. Ich weiß, wo Ana die Chips versteckt hat", sagt Gülten. Ana hat immer die Schreckensvorstellung, es könnte Besuch kommen und im ganzen Haus wäre keine einzige Tüte mit Gebäck oder Kartoffelchips mehr vorhanden. Da Klaus und Eser aber in unglaublicher Geschwindigkeit drei oder vier Packungen Erdnussflips, Kartoffelchips oder Pistazienkerne verspeisen, hat Ana Geheimvorräte angelegt.

„Augen zu", sagt Gülten und zieht triumphierend zwei Tüten Paprikachips aus dem großen Nudelkochtopf unter der Spüle. Sie schenkt Eser eine Limo ein.

„Sag mal, worüber machst du das Referat zusammen mit Nadine?“ Diese Frage kann sie sich jetzt nicht mehr verkneifen.

„Über den Tod“, antwortet Eser. „Der wird in unserer Gesellschaft total verdrängt. Wir haben das Thema von uns aus vorgeschlagen. Keiner wollte etwas darüber hören, aber wir haben es durchgesetzt.“

Gülten schafft es nicht, weitere Fragen zu stellen.

„Es macht Riesenspaß“, fährt Eser fort. „Wir haben uns bei einem Bestattungsunternehmer angemeldet. Na ja, was man eben so tut für ein Referat.“

„Spinner“, sagt Gülten.

„Kannst es gerne mal lesen, wenn wir fertig sind.“

„Gruselt es dich nicht vor Nadine und ihrem Satanszeug?“

Eser sieht erstaunt auf. „Sie gruselt sich nicht vor mir. Warum soll ich mich vor ihr gruseln?“ Er kippt die Zitronenlimonade hastig hinunter, nimmt sich eine der beiden Chipstüten, murmelt „Gute Nacht“ und trollt sich wieder nach oben.

7. Kapitel: Kar

Der Bus bleibt stehen. Endstation. Das Häuserviertel vor dem Lärmschutzwall der Autobahn. Mit einem Aufschnaufen springen die Türen auf. Gülten drückt im Aussteigen ihre schwarze Schultasche enger an sich. Im Schein der Straßenlaterne stieben feine Schneeflocken. Kar ist das bessere Wort dafür. Sie wird es Mesut schreiben. Wenn sie träumt, spricht sie Türkisch. Manchmal wacht sie auf, Satzfetzen im Kopf, die sie gerade gesagt hat. In der Schule spricht sie Deutsch. Aber die Briefe an Mesut sind immer auf Türkisch. Die wirklichen, die sie abschickt, und auch die anderen, die sie nur im Kopf schreibt.

Der Weg von der Bushaltestelle reicht nicht für einen ganzen Brief an Mesut. Mevgili Mesut, lieber Mesut, es schneit. Ich gehe von der Bushaltestelle zu unserem Haus und um mich herum fliegen Schneeflocken. Am Straßenrand sind Schneeberge aufgetürmt mit gelben Flecken von Hundepisse, die die neuen Flocken zudecken. In Antalya schneit es nie. In Ulumur schon eher.

Was du wohl mit meinen Briefen machst? Ob du sie wegwirfst, nachdem du sie gelesen hast? Ich glaube eher, du hebst sie auf. Du heftest sie natürlich nicht in einem Aktenordner ab, wie Erik es tun würde. Legst sie wahrscheinlich einfach in den Bücherschrank im Wohnzimmer. Tante Nurcan ist nicht neugierig. Sie würde sicher nie in deinen Sachen herumstöbern. Manchmal liest du abends noch einmal in früheren Briefen, die ich dir geschrieben habe. Ich schreibe dir, seit ich zwölf Jahre war. Anfangs hast du mir manchmal zurückgeschrieben, aber dann ist es immer seltener geworden. Ach, Mesut, du glaubst nicht, wie mein Herz klopft, wenn einer von deinen Briefen im Briefkasten liegt. Und wie ich mich über deine E-Mails freue! Mit der Hand geschriebene Briefe sind natürlich viel aufregender. Aber du schreibst nun mal lieber schnelle E-Mails.

Mevgili Mesut, der Schnee deckt alles zu. Er macht den Stadtteil hübsch, nett und vorweihnachtlich. In den Fenstern der Häuser leuchten bunte Lichterketten. Beim Einkaufen im Supermarkt hört man deutsche Weihnachtslieder. Du hattest die Idee mit dem Weihnachtsbaum, der damals bei euch aufgestellt wurde, weißt du noch? Du hast es durchgesetzt und den Tannenbaum zusammen mit Tante Nurcan zu euch nach Hause getragen. Ich glaube, du hast es inzwischen wieder vergessen, aber ich weiß es noch. Dem Dede war es nicht recht. Damals habe ich ihn nicht verstanden, aber inzwischen bin ich so weit, dass ich auch keinen Weihnachtsbaum mehr haben möchte. Aber das können wir Klaus und Eser nicht antun. Du weißt ja, unser cooler Eser fühlt sich ganz deutsch. Und Klaus wird an Weihnachten immer komisch und lädt Oma Waltraut zu uns ein.

Es duftet nach roter Linsensuppe, als Gülten die Tür aufschließt. Sie pellt sich aus Wollschal und Winterjacke, hockt sich auf die unterste Treppenstufe, zerrt die Stiefel von den Füßen, klopft den Schnee herunter und stellt sie in den Windfang. Im Haus gehen sie alle in Socken, obwohl es ein deutsches Haus ist, wie Klaus immer im Spaß betont. Der Flur ist winzig. An der Wand hängen mehrere goldgerahmte Schwarzweißfotos. Eines vom Begründer der Türkischen Republik, Mustafa Kemal Atatürk*, den Ana verehrt und bewundert, eine alte Aufnahme der Wintermoschee in Ulumur, Birhan am Tag seiner Sünnet* in der Prinzenuniform und eine Landschaft mit Schafen und Ziegen.

Der Dede, in seinem grauen Kaftan und den weißen Pluderhosen, sitzt am Küchentisch und isst Brot, Schafskäse und Oliven. Er hat den fragend trotzigen Blick, den er immer hat, wenn er über die Türkei, den Islam und die Zustände in Deutschland spricht. Ana hantiert am Herd. Eser steht am Kühlschrank und kaut Schokoladenreis.

„Dieses Land ist so kalt wie die Herzen der Menschen, die es bewohnen", sagt Dede Ömer.

„Sei nicht undankbar", erwidert Ana scharf und schnell. Sie trägt etwas zu enge Jeans und den selbst gestrickten roten Mohairpullover. Der bräunliche Lippenstift passt gut zu ihrem halblangen Haar. Das Haar ist goldblond, nur am dunklen Ansatz zu beiden Seiten des Scheitels kann man sehen, dass Ana eigentlich dunkelhaarig ist. Sie summt schon *Auf dem Weg nach Üsküdar* vor sich hin. Es ist offensichtlich, dass sie nur auf Gülten gewartet hat und zu ihrem Volksliedvereinsabend will.

„Du weißt am besten, dass es wahr ist", beharrt der Dede. „In diesem Land ist nicht nur das Wetter kalt."

„Manchmal schneit es sogar in Antalya", gibt Ana zurück.

„Meine Enkel sind Deutschländer geworden. Sie sprechen nicht mehr gut Türkisch. In der Schule lernen sie nichts über die türkische Kultur und erfahren nichts über den Islam. Eser weigert sich sogar, seinem eigenen Dede auf Türkisch zu antworten. Dieses Land nimmt uns unsere Kinder. Dilini kaybeden özünü kaybeder. Wer seine Sprache verliert, verliert sich selbst.“

„Es ist aber nicht meine Sprache. Es ist nicht einmal mehr Anas Sprache!“, kontert Eser. „Was in dieser Welt zählt, ist Englisch. Deutsch, Türkisch, Arabisch – das können wir alles vergessen. In zwanzig Jahren wird im Rhein-Main-Gebiet nur noch Englisch gesprochen.“

„Natürlich ist Türkisch meine Sprache“, protestiert Ana. Auf Esers Gesicht erscheint mal wieder ein spöttisches Lächeln.

Ana verdreht die Augen. „Eser, halt den Mund. Ich will nicht dauernd Streit in diesem Haus.“

„Dede, du weißt, dass nicht wahr ist, was du sagst“, mischt sich Gülten ein. Es fällt ihr nicht leicht, nach einem Tag in der Schule wieder fließend Türkisch zu sprechen.

Dede Ömers Gesicht hellt sich sofort auf.

Gülten will Ana beistehen. „Dede, denk daran, dass Klaus vorhat, eines Tages mit Ana und uns allen nach Antalya zurückzugehen.“

Klaus erzählt oft, dass er im Alter mit Ana zusammen ein kleines Haus irgendwo am Meer bei Antalya erwerben will.

„Eser wird zweifellos hier in Frankfurt bleiben“, seufzt der Dede.

„Verlass dich drauf“, sagt Eser auf Deutsch. „Wir werden alle hier bleiben und du auch, auf dem Hauptfriedhof, muslimische Abteilung, Kopf nach Mekka.“

Dede Ömer hört angestrengt zu, hat Eser aber nicht verstanden.

Es gibt einen Punkt, an dem man so ein verlogenes Weihnachtsfest mit Schweinebraten und Oma Waltraut nicht mehr mitmachen kann, Mesut.

„Weihnachten wie Klaus und du es immer haben wollt, mit Schweinebraten und Oma Waltraut, das ist Verrat, Easy."

Gülten sitzt auf dem Sofa unter der Dachschräge in Esers Zimmer. Hier oben wird es immer sehr warm, weil man in diesem Raum die Heizung nicht richtig regulieren kann. Das Haus hat eine Umluftheizung mit vergitterten Warmluftschächten in jedem einzelnen Zimmer, durch die man alles hört, was in den anderen Zimmern los ist. Der Schacht in Esers Zimmer hat den Vorteil, dass Eser nach unten ins Wohnzimmer etwas durchrufen kann, wenn ihm danach ist. Umgekehrt funktioniert es ebenso.

Das Dachgaubenfenster, unter dem Esers Schreibtisch steht, ist zum Garten ausgerichtet. Von hier oben sieht man auf die Bäume der Nachbargärten. Ganz entfernt erkennt man die Schornsteine eines Chemie-Konzerns. Auf der Tür ist mit Tesafilm ein Foto im Posterformat angebracht: die *Really Bad Inline Online Boys* bei ihrem letzten Auftritt auf dem Schulfest im Frühjahr.

Eser nimmt die Hände vom Keyboard. „Erzähl keinen Quatsch. Ana macht jedes Mal Lammrücken und Oma Waltraut muss hinterher kotzen."

Letztes Jahr, das weiß sie noch ganz genau, gab es Schweinebraten. Dede Ömer wollte ihn nicht essen und er musste sich hinterher erbrechen, weil er den Geruch nicht erträgt. *Schweine und Hunde sind unreine Tiere,* so steht es im Koran. Aber einmal im Jahr, an Noel bayramı, zu Deutsch Weihnachten, muss Dede Ömer im eigenen Haus beides ertragen, einen Hund in der Küche und den Geruch von Schweinebraten.

„Letztes Jahr war die einzige Ausnahme, die es je gegeben hat", stellt Eser fest. „Was wahr ist, ist wahr."

„Weißt du, wer Dschelaladdin ist?", fragt Gülten.

Eser lacht sein schräges Lachen. „Der, über den du neulich mit dem Dede die ganze Nacht lang gesprochen hast? Schwul irgendwie und immer besoffen, einer von diesen Derwischen. Hab ich recht?"

„Ja, und es ist sogar der bedeutendste von allen."

„Muss man den kennen?"

„Muss man", sagt Gülten. „Fang mal an, ernst zu werden, Eser."

„Du willst mich zum Islam bekehren, damit du einen hast, mit dem du nach Mekka wallfahren kannst", witzelt er. „Allein darfst du nämlich gar nicht hin, weil du eine Frau bist."

Woher weiß Eser nur wieder, dass sie gerne nach Mekka will? Dass sie die Kaaba* umrunden und die Grabmoschee, in der Mohammed beerdigt wurde, besuchen will? „Der Dede hat gesagt, dass er noch einmal in diesem Leben hinwill. Und mich wird er mitnehmen."

„Mit seinen sechsundsiebzig Jahren und halb blind, wie er ist, will er noch einmal die Kaaba sehen?"

„Wir werden es tun", sagt Gülten. Oh Mesut, manchmal ist es schwer, in so einer Familie auch nur einigermaßen islamisch zu leben. Außer dem Dede hält keiner den Ramadan richtig ein. Außer dem Dede betet keiner mehr richtig bei uns. Früher war mir das egal, aber heute macht es mich traurig, dass wir alle so halb-halb leben.

„Du musst gläubig sein, wenn du nach Mekka pilgerst", stichelt Eser. „Sonst ist es nicht zulässig."

Sie will sagen, dass sie gläubig ist, aber Eser lacht sie schon vorher aus.

Irgendwie hat er ja recht. Sie weiß viel zu wenig, sie kann nicht Arabisch, um den Koran im Original zu lesen, und sie kann nur ein paar von den kurzen Koransuren auswendig. Es reicht gerade so, um in die Moschee zu gehen und dort nicht unangenehm aufzufallen.

Mesut, ich könnte die fünf Gebete* am Tag beten. Die Sachen, die ich noch nicht weiß, könnte ich mir vom Dede erklären lassen. Ich könnte Bücher über die Derwische lesen. Ich könnte anfangen, Arabisch zu lernen. Ich könnte außer Haus ein Kopftuch tragen.

Sie überlegt kurz. Würde es ihr wirklich nichts ausmachen, in der Schule mit dem Kopftuch herumzulaufen? So wie Nurgül in der Imam-Hatip-Schule?

Mesut, ehrlich gesagt, bin ich mir nicht sicher. Es wäre eine Umstellung. Ich müsste es erst ausprobieren. In der Türkei ist es etwas anderes. Und sogar in Dörfern wie Ulumur und Şekerdag gehen die Mädchen in meinem Alter nicht unbedingt mit einem Kopftuch durch den Ort. Ob Perihan wohl fünfmal am Tag betet und freitags zur Moschee geht?

Es klingelt unten. Heute ist wieder ein Treffen der *Really Bad Inline Online Boys*. Der Dede hat die Haustür geöffnet und jetzt kommen sie hochgepoltert.

„Ich verschwinde mal lieber", sagt Gülten.

Der Dede sitzt immer noch am Küchentisch. Er hat inzwischen aufgeräumt. Jetzt liest er *Sabah*, seine türkische Zeitung, und gönnt sich dazu eine Zigarette. Ab und zu lacht er laut über einen Cartoon. Kaplan, der rote Kater mit den schräg gestellten Augen, hat sich oben auf dem Kühlschrank ausgebreitet. Kaplan bedeutet Tiger.

„Kochst du uns noch einen Tee?“, fragt der Dede.

Gülten ist schon dabei.

„Wir müssen auch mal über Abd el Wahab sprechen“, beginnt der Dede.

Gülten sieht ihn erstaunt an. Wieder so ein Name, den sie noch nie gehört hat. Warum weiß sie nur so wenig? Der Dede hat auch früher manchmal, während er das Essen zubereitete, über den Islam gesprochen und Koransuren rezitiert. Aber damals hat sie das nicht besonders interessiert.

Der Dede erzählt und erzählt. Schließlich landet er wieder bei Dschelaladdin. „Dschelaladdin war offen für alle Religionen und alle geistigen Strömungen. Für ihn ist Wahrheit dort, wo nach Allah gesucht wird. Er hat gesagt:

Zerstöre dein Haus,
und mit dem Schatz, der sich darin verbirgt,
wirst du tausend neue Häuser bauen können.
Der Schatz liegt unter ihm, daran ist nichts zu ändern,
drum zögere nicht, reiß es ab, vergeude keine Zeit.“

„Was meint er mit dem Haus?“, fragt Gülten.

„Er denkt wahrscheinlich an starre, strenge Glaubensvorschriften, die den Geist des Menschen einengen, an festgefahrene Denkmuster, in denen Menschen manchmal wie in einem Gefängnis leben.“ Lächelnd rezitiert er weiter:

„Glaubst du, ich weiß, was ich tue?
Dass ich einen Atemzug lang oder einen halben
mir selbst gehöre?

Nicht mehr, als eine Feder weiß, was sie schreibt,
oder der Ball vermuten kann, wohin er gleich fliegt.

Dschelaladdin spürte Allahs Willen in sich und allem, was er tat. Und genau das bedeutet Islam, Ergebung in den Willen Gottes."

Mevgili Mesut, ob es mir je gelingen wird, den Zugang zum batin, zur inneren Wahrheit, zu finden? Wenn man weiß, dass es möglich ist, ist der Anreiz da, noch weiter zu kommen. Also, ganz ehrlich, es ist für den Anfang mühsam genug, die Fünf Säulen des Islam* im Leben zu verwirklichen. Wenn man fünfmal am Tag betet, denkt man wohl ohne Unterbrechung an Allah. Denn das Gedenken an Allah macht die Herzen still.

„Irgendwann", sagt der Dede, „kommst du vielleicht auch zu ganz tiefen Einblicken in das Wesen Allahs. Es ist kein leichter Weg."

„Ich weiß", murmelt Gülten.

Der Dede rezitiert wieder Dschelaladdin:

„Das Mysterium wird durch
wiederholtes Fragen nicht verständlicher,
noch erkauft man es sich mit dem Aufsuchen
wunderbarer Orte.
Ehe du nicht deine Augen und dein Wollen
fünfzig Jahre lang ruhig gehalten hast,
bist du nicht im Mindesten befähigt,
von der Verwirrung überzusetzen."

Fünfzig Jahre, Mesut, ehe ich anfangen kann, das Geheimnis Allahs zu begreifen. Vielleicht geht es bei manchen Menschen doch etwas schneller.

8. Kapitel: Mit dem Schweren kommt das Leichte

Deniz. Gülten stellt sich das Meer vor. Sie wird in ihrem weißen Badeanzug über den heißen Sand hineinlaufen und es zuerst an den Füßen spüren, kühl und rein, ein Versprechen. Und hinterher wird sie der freundlichen Frau mit ihrem zweirädrigen Karren einen Lahmacun* abkaufen. Ein Lied von Tarkan weht über den Strand. Mesut ist ganz nahe.

Deniz. Das Meer heißt deniz und der Strand – Gülten fehlt das Wort dafür. So ein einfaches Wort und sie weiß es nicht mehr.

Auf ihrem Schoß liegt das Buch über die Derwische, das sie sich mitgebracht hat. Sie hat es aufgeschlagen, aber nicht darin gelesen. Nebenan im Behandlungszimmer misst Dr. Becker die Leitgeschwindigkeit einzelner Nerven in Esers Füßen und Beinen. Zu diesem Zweck wird mit einer kleinen Nadel ein Nerv angestochen, durch den schwache Stromstöße geleitet werden. Beim ersten Mal war Ana dabei, dann ist Gülten mitgegangen, inzwischen ist es Eser lieber, wenn sie während der Untersuchung im Wartezimmer bleibt.

Sie überlegt, dass sie eine Koransure beten könnte, aber die Worte fallen ihr nicht mehr ein. Wenn sie aufgeregt ist, vergisst sie alles. Und jetzt geht es ihr sogar mit den Suren so. Dabei ist sie stolz, dass sie einige auswendig kann. Ihr fällt nur noch die vierundneunzigste ein, die ganz kurz ist und die der Dede oft betet:

Im Namen Allahs des Erbarmers, des Barmherzigen!
Dehnten wir nicht aus deine Brust
und nahmen ab von dir deine Last,

die deinen Rücken bedrückte,
und erhöhten für dich deinen Namen?
Drum siehe, mit dem Schweren kommt das Leichte.
Siehe, mit dem Schweren kommt das Leichte!
Und wenn du Zeit hast, dann mühe dich
und trachte nach deinem Herrn.

„Ich bin in letzter Zeit ziemlich oft gestolpert", sagt Eser. „Die Krankengymnastik bringt's nicht."

Es riecht nach Desinfektionsmittel. Sie sitzen vor dem riesigen Mahagonischreibtisch, hinter dem Dr. Becker thront.

„Ihre neuromuskuläre Koordination wird zunehmend schlechter", erklärt er. „Muskel und Nerv sind nicht mehr aufeinander abgestimmt. Deswegen stolpern Sie."

„Ich werde weitermachen mit Basketball", sagt Eser trotzig.

Dr. Becker geht nicht darauf ein. Er sieht Gülten an. „Ich verschreibe Ihrem Bruder jetzt die Peronaeusschienen. Er kann damit besser laufen. Die Muskelspannung in Füßen und Unterschenkel nimmt immer mehr ab." Er fährt sich kurz durchs Haar, sieht Gülten entnervt an und fragt fast grob: „Warum ist Ihre Mutter nicht mitgekommen?"

Gülten versucht höflich zu bleiben. „Sie arbeitet."

„Das ist kein Grund", sagt Dr. Becker. „Und Ihr Vater, konnte der sich nicht freinehmen?"

„Bei dem geht es noch weniger. Er hat eine Tankstelle und eine Autowerkstatt, die kann er schließlich nicht zumachen und …"

Zu Hause empfängt der Dede Gülten und Eser unwirsch und grummelt: „Warum kommt Eser nicht mit zum Freitagsgebet? Als kleiner Junge ist er gern mitgegangen."

„Die Zeiten sind vorbei", sagt Eser. „Außerdem, begreif doch mal, Dede: Normalerweise ist freitags immer Schule, und die hört gerade dann auf, wenn ihr in der Moschee anfangt. Soll ich die Schule schwänzen, um zum Freitagsgebet zu kommen?"

„Heute könntest du mit mir kommen. Heute warst du doch beim Arzt und hast schulfrei." Der Dede ist fertig, um zu gehen. In der Hand hält er das Blatt Papier mit den Notizen für seine Freitagsansprache. „Wenn einer dem Freitagsgebet dreimal ohne triftigen Grund fernbleibt, versiegelt Allah sein Herz", murmelt er vorwurfsvoll.

„Es ist längst versiegelt!", ruft Eser. Immerhin ein türkischer Satz aus seinem Mund. Er möchte verstanden werden.

„*Wer Allahs gedenkt, dessen gedenkt auch Allah selber,* verheißt uns der Koran", sagt der Dede.

„Ich bin kein Opportunist. Jetzt erst recht nicht, Dede, verstehst du? Du denkst dir, weil ich krank bin, soll ich die Gebete verrichten, damit Allah mich eventuell wieder Basketball spielen lässt. Basketball ist vorbei, und für mich ist das okay. Ich bettle nicht um Gnade oder so was." Das war wieder auf Deutsch. Eser findet längere Ausführungen auf Türkisch zu anstrengend. „Ich bin ein armer esir, ein Gefangener, bald sitz ich im Rollstuhl und die nächste Station ist dann der Hauptfriedhof." Dies ist an Gülten gerichtet.

„Ich hab dir schon hundertmal gesagt, dass du es nicht bis auf den Hauptfriedhof schaffst." Weißt du, Mesut,

Mitleid ist furchtbar. Mitleid ist eine Ungerechtigkeit. Ich rede mit Eser so, wie wir immer geredet haben. Sonst wird er nur wütend und zieht sich zurück. Weißt du noch, wie du mit Birhan umgegangen bist, als er krank war?

„Ich will nicht auf diesem Popelfriedhof drüben begraben werden, wo Ana jeden Tag vorbeikommt und Blumen gießt."

„Okay, ich sag's ihr, Bruder."

Der geplagten Ana, die beim Schuldirektor war, in der Höhle des Löwen, um ihm zu erklären, dass Eser nur wegen seiner Krankheit „Fick dich ins Knie" zu seinem Mathelehrer gesagt hat. So krank ist kein Mensch, Mesut. Aber Ana hat es hingekriegt und Lingenfelder war so betroffen über die Krankheit, dass er sich sogar bei Ana entschuldigt hat. Das muss schon ein ganz schwacher Moment gewesen sein, so knallhart wie der Mann normalerweise ist.

Dede Ömer sagt nichts. Er hat nicht alles mitbekommen, weil sie Deutsch gesprochen haben. Wahrscheinlich glaubt er auch nicht an Esers Heilung. Gülten weiß, er hat sich mit Esers Krankheit abgefunden, wie mit seinem eigenen Herzasthma und allem anderen, was ihm unangenehm ist.

„Wir üben wieder in unserem Keller. Ich geh jetzt", sagt Eser.

Sie hört ihn pfeifen, während er seine Sachen zusammensucht.

„Die Scheiße ist nur, dass ich dauernd über meine Füße stolpere. Ich werde mir Arm- und Knieschützer anziehen müssen, wenn es so weitergeht", schimpft er zwischendurch vor sich hin.

Gülten wendet sich an Dede Ömer. „Du hast einmal gesagt, dass eine innere Haltung sich auch äußerlich zeigt. Und dass du aus diesem Grund in muslimischer Kleidung gehst, den weiten Hosen, Kaftan und Turban."

„Ja", sagt der Dede. „Mein Äußeres entspricht meinem Inneren. Du weißt es."

„Ich habe es ausprobiert, neulich in der Schule, Nurgüls Kopftuch. Ab jetzt werde ich es jeden Tag tragen und mich kleiden wie ein muslimisches Mädchen", sagt Gülten. Nichts mehr mit bauchnabelfrei. Nichts mehr mit Piercing. Daran wird sie nicht einmal mehr denken.

„Wie Tülay?"

Gülten nickt, aber innerlich schüttelt sie den Kopf. Tülay kommt zwar mit Kopftuch zur Schule, weil ihre Eltern darauf bestehen, aber Tülay ist keine Muslima, auch wenn alle sie dafür halten.

„Tust du es, um mir eine Freude zu machen?", fragt der Dede misstrauisch. „In diesem Fall wäre das Kopftuch nur eine Äußerlichkeit. *Allahs Führung ist allein die Führung.* Bei aller Liebe und Unterstützung, die ein Mensch für einen anderen aufbringen kann, bleibt es Allah überlassen, jeden Menschen zu leiten. *Lass den gläubig sein, der will, und den ungläubig sein, der will,* sagt Allah im Heiligen Koran. Du solltest es nicht meinetwegen tun. Ich verlange es nicht von dir."

„Es ist freiwillig. Ich tue es für mich, aus freiem Entschluss", sagt Gülten.

Der Dede murmelt vor sich hin und greift schon wieder nach der zerknitterten Zigarettenschachtel.

„Denk an dein Herz", flüstert Gülten verlegen.

Das Freitagsgebet ist vorbei. Gülten bleibt vor dem Berg mit Frauen- und Kinderschuhen stehen und schlüpft in ihre Stiefel. Ins Büro des Dede kann man auch mit Straßenschuhen. Sie schaut zur Tür hinein. Der Dede sitzt hinter dem Schreibtisch und telefoniert, hinter ihm in einem verglasten Schrank die Bücher, die man hier kaufen kann. In einem zweiten Schrank stehen theologische Werke und religiöse Texte, die ausgeliehen werden können. Es sind alte, dunkle Schränke vom Flohmarkt. Gültens Blick streift über die Koranübersetzungen. Als Dede Ömer seine Enkelin sieht, winkt er ihr. Sie lässt sich auf einem der Stühle in der Ecke nieder. Im Ramadan kommen Journalisten und interviewen ihn und seine Mitarbeiter zum Fastenmonat und zum Şeker bayramı. Manchmal machen sie Fotos von ihm und dem Gebetsraum. Aber heute ist hier nicht viel los.

Vor dem Schreibtisch steht ein Mann, der aussieht wie ein Penner.

„Komm, Kollege", sagt der Dede in seinem schwerfälligen Deutsch, „kannst du hier Kaffee trinken."

Seitlich am Fenster blubbert die Kaffeemaschine. Der Penner lässt sich am vorderen Tisch nieder. Der Dede kramt aus einer Gebäcktüte Plätzchen hervor und legt sie auf einen Teller. Er bringt ein Buch mit, das so aussieht, als habe er schon sehr oft darin gelesen.

Ab und zu kommt jemand herein, um eine von den Schriften zu kaufen. Der Dede öffnet dann den Schrank und holt das gewünschte Buch hervor.

Zu dritt schlürfen sie ihren Kaffee, der Penner schweigt. Wahrscheinlich ist er zufrieden, dass er im Warmen sitzen und einen Kaffee trinken kann. Der Dede hat sein

Buch vor sich auf den Tisch gelegt und Gülten denkt, dass es sich um ein besonderes Exemplar handeln muss.

„Ibn al Arabi", sagt der Dede. Er setzt seine Lesebrille auf und blättert umständlich und lange in seinem zerlesenen Buch. *„Eines der köstlichsten Dinge ist eine verschleierte Gazelle, die mit roten Fingerspitzen Zeichen gibt und mit Augenlidern winkt."* Der Dede spricht die Verse eindringlich und ernst und findet eine weitere Stelle, die ihm gefällt:

„Aus der Liebe sind wir hervorgegangen.
Der Liebe entsprechend sind wir gemacht.
Nach Liebe streben wir.
In der Liebe gehen wir auf."

Gülten schaut ihn ungläubig an. Der Dede und Liebesgedichte? „Aber es ging ihm auch um Allah und nicht nur um die Liebe?", fragt Gülten.

„Es geht immer um Allah", sagt der Dede.

9. Kapitel: Frohes Fest

„Der wird nicht kommen. Niemals." Tülay sagt es mit Inbrunst.

Der Bus biegt in die Kurve und rüttelt am Rebstockbad vorbei, an den Parkplätzen, durch ein Stück grünes Niemandsland zwischen den Stadtteilen. Sie sitzen wie immer auf ihren Stammplätzen ganz hinten.

„Tülay, sie haben das Ticket schon gekauft. Und das Visum für den Besuch hat er sich selbst besorgt", sagt Gülten. „Überleg mal, was das für seine Familie bedeutet. Die machen das nicht zum Spaß. Natürlich kommt er."

„Zu Besuch zu seiner Verlobten. Zu Tülay aus Frankfurt, die mit Erkan zusammen das Restaurant in Şekerdag schmeißen wird. Spart eine Geschirrspülmaschine und den Koch. Letztes Jahr wusste ich noch nicht, was Hass ist. Jetzt weiß ich es. Ich will ihn nicht mit euch vom Flughafen abholen", sagt Tülay matt.

„Musst du auch nicht."

„Und ich werde ihn niemals heiraten."

„Außer wenn du dich doch noch in ihn verliebst."

„Der Typ spricht kein Wort Deutsch!", schreit Tülay.

Die Leute im Bus drehen sich nach ihr um. Es macht ihr nichts aus.

„Er ist ein Trampeltier vom Dorf mit Glupschaugen und Narben im Gesicht. Der hat nichts als Sex im Kopf, ich kenne diese Sorte. Er hat Schafe gehütet. Wofür lerne ich eigentlich Mathe, Englisch und Französisch, wenn ich so einen heiraten soll?"

Es geht um namus, die Familienehre. Wenn ein Mädchen öffentlich mit Männern oder Jungen gesehen wird, ist die Familienehre beschädigt. Komischerweise gilt das nur für die Frauen in der Familie. Jungen oder Männer beschädigen nur ihren eigenen Ruf, nicht aber den der gesamten Familie. So ganz hat Gülten das namus-Prinzip noch nie verstanden. Ana sagt, dass man auch in der Türkei inzwischen fortschrittlicher denkt und namus nicht mehr das ist, was es vor fünfzig Jahren war.

Wegen namus jedenfalls verheiraten Eltern auf den Dörfern ihre Töchter oft in jungem Alter, damit keiner auf die Idee kommt, sie würden mit jungen Männern flirten oder sich sogar heimlich mit einem treffen.

„Ich will nicht ins Dorf. Ich will studieren, egal wo. Kann von mir aus in der Türkei sein. Ich hab nicht wie eine Blöde Mathe und Vokabeln gelernt und Ethik und das ganze Zeug, um den Rest meines Lebens in Şekerdag zu verbringen."

„Irgendwie", murmelt Gülten hilflos, „wird Allah es richten. Du musst ihn anflehen mit Gebeten. Der Dede sagt, man muss dabei weinen und es mit aller Kraft erbitten, dann hilft er denen, die ihm vertrauen."

„Ach, du bist eine weltfremde Spinnerin", faucht Tülay. „Weißt du, wer mir helfen kann? Das Jugendamt. Denen müsste ich meinen Fall schildern. Die würden irgendetwas unternehmen, aber dann …" Tülay legt den Kopf an Gültens Schulter und weint. „Ich kann nicht ohne meine Familie leben. Und ich brauche auch meine drei oder vier Wochen Şekerdag jedes Jahr."

So, wie Gülten Ulumur braucht.

„Warum bin ich so schwach? Sag mir das, Gülten. Es gibt einen Ausweg. Ich müsste nur zum Jugendamt gehen. Die Nummer im Telefonbuch raussuchen und wählen und dann ... Ich bin eine Idiotin. Ich hab nur noch dich. Du hilfst mir, egal, was passiert. Und im schlimmsten aller Fälle ..."

Oh Allah, bitte, lass nicht den schlimmsten aller Fälle eintreten. Mach alles gut, du allein kannst es, schießt es Gülten durch den Kopf.

„Im schlimmsten aller Fälle holst du mich aus Şekerdag heraus. Du bist meine beste Freundin."

Sie umarmen sich. Dann muss Tülay an der Königsteiner Straße aussteigen und Gülten hat noch zwei Stationen. Plötzlich muss auch sie weinen.

Endlich sind Weihnachtsferien. Vormittags um neun klingelt das Telefon. Gülten geht ran, weil nur der Dede im Haus ist. Erkan ruft vom Flughafen in Izmir an. Er sagt, dass sein Flug gerade aufgerufen wurde und er in drei Stunden da ist. Und ob sie ihn auch wirklich abholen.

Gülten beteuert, dass alles vorbereitet ist, dass sie sich sehr freuen, ihn zu sehen, und dass er sich keine Sorgen machen soll. Dann wünscht sie ihm einen guten Flug.

Oh Mesut, der Junge hat Angst. Wenn Tülay das wüsste. Er hat Angst, dass er in Frankfurt allein am Flughafen steht und keiner ihn abholt.

Natürlich holen sie ihn ab. Ana hat sich freigenommen, obwohl man sie gerade heute im Krankenhaus dringend brauchen würde. Für seine Gäste tut man eben alles. Selbst wenn es sich um Erkan aus Şekerdag handelt, denkt Gülten.

„Die Deutschen verstehen das nicht", sagt Ana. „Da kannst du kommen, wann du willst, sie kochen dir nicht mal einen Tee und sagen eiskalt, sie hätten noch etwas Wichtiges vor."

„Und morgen Oma Waltraut", stöhnt Gülten.

„Und der Hund", sagt der Dede. „Der Hund, der dann in der Küche liegt und überall hinpinkelt." Es hört sich an, als ginge es um einen Bernhardiner. Dabei ist Paulchen nur ein fetter Dackel.

Sie wissen sofort, dass der junge Mann, der ihnen entgegenkommt, Erkan aus Şekerdag ist, obwohl sie ihn vorher nie gesehen haben.

Der Dede umarmt ihn wie einen Verwandten. Erkan küsst ihm die Hände und führt sie an seine Stirn – und so, wie er es tut, ehrfürchtig, höflich, ein bisschen ängstlich, begreift Gülten, dass er kein Monster ist.

Gülten hat die Post aus dem Briefkasten genommen. Auf einer Karte steht in Eriks Handschrift *Gülten Raab*. Sie holt tief Luft und schüttelt den Kopf. Ach, Mesut, sieh dir das an, Erik schreibt mir eine Weihnachtskarte. Das wäre nicht nötig gewesen, wo er mir doch am letzten Schultag sogar die Hand gegeben und mir alles Mögliche gewünscht hat. Ganz schön verrückt, dieser Junge. So ein Unsinn, mir eine Weihnachtskarte zu senden.

Einen Moment lang steht sie im Hausflur und träumt vor sich hin. Aus der Küche kläfft Paulchen.

Liebe Gülten,
vielleicht können wir uns ja trotz der Weihnachtsferien einmal sehen. Mit Eser und eurem Besuch. Was hältst du davon?

Mesut, er will uns sehen, schreibt er. Ich glaube, er will hauptsächlich mich sehen.

Die Weihnachtsferien sind in diesem Jahr ziemlich lang. Ich hätte wirklich Lust, mit dir über Dschelaladdin und Yunus Emre zu reden …

Spinner. Der Dackel kläfft und Kater Kaplan steht mit gesträubten Nackenhaaren und fauchend unter dem Küchentisch. Der Dede hat die Küche verlassen, weil Hunde unreine Tiere sind, die nicht ins Haus gehören. Oma Waltraut ist ein Gast mit allen Rechten eines solchen. So sitzt sie mit Straßenschuhen im Wohnzimmer, wie jedes Jahr. Gut, soll sie. Der Dackel in der Küche ist allerdings mehr, als der Dede ertragen kann.

Es ist Nacht. Aber keine stille. Paulchen liegt unter dem Weihnachtsbaum und nagt an einem Knochen.

Eser lässt das Haselnussplätzchen fallen, beginnt zu würgen und zu husten und springt aus dem Wohnzimmersessel auf. Ana ist sofort bei ihm und klopft ihm auf den Rücken. Klaus rennt in die Küche und holt ein Glas Wasser.

Dann ist wieder alles wie vorher.

„Du verschluckst dich oft in letzter Zeit", stellt Ana fest.

„Jeder verschluckt sich mal", keucht Eser.

„Das ist typisch für Myasthenie", sagt Ana. „Du musst wieder zum Arzt."

Gülten weiß sofort, worum es geht. Im Gegensatz zu Eser hat sie die Broschüren alle gelesen. Hoffentlich finden sie im Labor die Antikörper heraus und geben ihm die richtigen Medikamente.

„Hör endlich auf damit. Lass mich bloß in Ruhe. Heute hab ich keine Myasthenie." Eser wird jedes Mal wütend, wenn Ana die Krankheit beim Namen nennt.

Oma Waltraut hat ungefähr fünf Kilo selbst gebackene Weihnachtsplätzchen mitgebracht. Jetzt stehen sie, auf verschiedene Teller verteilt, im Haus herum. Zimtsterne, Haselnussmakronen, Spritzgebäck und, und, und.

Klaus sieht aus, als ob er zehn Jahre älter wäre.

„Es ist Zeit zu beten", sagt der Dede. „Erkan, Gülten …"

„Also, ich geh jetzt", sagt Oma Waltraut abrupt. „Ihr kommt doch mit?"

„Wohin willst du, Oma?", fragt Gülten.

„Zur Mette."

„Mette? Was ist Mette?" Eser stellt sich dumm.

Oma Waltraut ist aufgestanden. Ihr Kinn zittert.

Oh Mesut, jedes Jahr das Gleiche. Erst muss sie weinen, dann ist sie beleidigt und irgendwie machen wir immer alles falsch.

„Es ist Weihnachten und meine Enkel wissen nicht, was die Christmette bedeutet. Möchte wirklich wissen, wozu ihr einen Weihnachtsbaum aufgestellt habt. Ihr seid Heiden, richtige Heiden. Klaus, ich schäm mich vor den Leuten, dass du es so weit hast kommen lassen."

„Hör auf, Mama. Ich komm ja mit. Und Eser vielleicht auch. Rabia, du könntest eigentlich …" Klaus sieht Hilfe suchend in Esers und Anas Richtung.

„Eser bleibt hier", bestimmt Ana. „Ich zieh mir nur schnell den Mantel über, dann können wir."

Klaus gibt ihr ein Küsschen. Oma Waltraut zieht ein Papiertaschentuch hervor und schnieft mehrmals hinein. „Bei euch ist nie Weihnachtsstimmung. Nächstes Jahr komm ich nicht mehr. Da bleib ich lieber allein mit Paulchen in Bad Wimpfen."

„Ist schon gut, Mama", sagt Klaus und nimmt sie bei der Hand.

Ana winkt Gülten und dem Dede zu. Und Kaplan faucht schon wieder aus der Ecke unter dem Kachelofen.

Sie haben das Nachtgebet gebetet, jeder auf seinem Teppich, ausgenommen Eser, und sitzen jetzt noch etwas im Wohnzimmer herum. Gülten hat Paulchen im Flur eingesperrt. Das macht sie immer so, wenn Oma Waltraut schläft oder nicht im Haus ist.

„Easy, kannst du bitte das Album von Orhan Gencebay einschieben?"

Der Dede fühlt sich elend, Gülten sieht es auf einen Blick, schon an der Art, wie er zu Feuerzeug und Zigarette greift.

„Irgendwie mag ich ihn ja auch, den Orhan Gencebay", sagt Eser. „Jedenfalls bin ich froh, dass wir *Ihr Kinderlein kommet* und *O Tannenbaum* vorerst mal überstanden haben."

„Morgen geht's wieder los." Gülten seufzt und denkt an den Putenbraten mit Klößen und Blaukraut auf bayrische Art. Sie haben schon einen Arbeitsplan für den 25. Dezember gemacht. Klaus und sie raffeln die rohen Kartoffeln nach dem Rezept aus dem kopierten Kochbuch von Oma Waltraut. „Am besten gleich zwei, drei Kilo, den Rest frieren wir für nächstes Jahr ein", war Klaus' Vorschlag. Ana muss sich dann nur um den Putenbraten und die Orangensoße kümmern. Die Orangensoße war Anas Idee. Das Blaukraut gibt's aus der Dose, das muss lediglich warm gemacht werden.

„Morgen Abend geht's los", sagt Eser und grinst so diabolisch wie nie.

Gülten sieht ihn fragend an.

„Na ja, die Party für Erkan."

„Wissen Ana und Klaus davon?", fragt Gülten misstrauisch.

„Klaus hat mit mir zusammen eingekauft. Tülays Mutter macht türkische Vorspeisen. Ja, und Tülay darf kommen, obwohl es eine Party ist, stell dir das vor."

„Wahrscheinlich wird es ziemlich laut", wendet Gülten ein.

„Für Oma Waltraut schon. Die Nachbarn sind ja alle im Winterurlaub, jedenfalls die von nebenan und von drüben. Insofern ist es ein sehr gutes Datum." Eser grinst schon wieder und schweigt geheimnisvoll.

Gülten ahnt, dass er irgendeinen Plan hat. „Wen hast du sonst noch eingeladen?"

„Och, fast niemanden", sagt Eser. „Es war ein bisschen schwierig." Klar, alle sind in Urlaub oder besuchen Verwandte.

„Nur Andi von der Band und unsere neue Leadsängerin ..."

„Seit wann braucht ihr eine Leadsängerin?"

„Es hat sich so ergeben und wir müssen das mit der Boygroup ja nicht so eng sehen ..."

Eser ist ein Spinner, ich schick den Brief morgen an dich ab, Mesut.

„Hast du dich verliebt, Eser?“

„Quatsch, da ist nichts“, sagt Eser eine Spur zu hastig. „Nur Nadine, die kennst du ja. Unheimlich geile Stimme, wusstest du, wie toll die singt? Und dass sie komponiert? Und Gedichte schreibt und überhaupt ganz tolle Texte?“

Einen Moment fragt Gülten sich, ob er wirklich von der Nadine aus ihrer Stufe spricht. Aber es gibt keinen Zweifel.

10. Kapitel: Erdbeben

„Das“, sagt Oma Waltraut und hält den auf die Gabel gespießten Kartoffelkloß gegen das Licht, „das ist kein Kloß. Das ist einer aus dem Pappkarton, ein aus Fertigpulver angerührter. So was ess ich net an Weihnachten. Ich net.“

Alle erstarren. Sogar der Dede und Erkan, die kein Wort verstanden haben, lassen die Gabeln sinken.

„Wenigstens an Weihnachten hat eine Mutter etwas Besonderes zu erwarten von ihrem Sohn, das eine Mal im Jahr hat sie ein Recht darauf.“

Gülten sieht zu Eser hinüber, schafft es aber, nicht loszuprusten.

„So lass ich mich net behandeln“, sagt Oma Waltraut und schaut ihren Sohn Klaus vorwurfsvoll an, obwohl sie eigentlich ihre Schwiegertochter Rabia, die arme Ana, meint, die es nie schaffen wird, am ersten Weihnachtsfeiertag richtige altbayrische Kartoffelklöße auf den Tisch zu stellen.

„Mama“, sagt Klaus mit seiner sanftesten Stimme. „‚So was ess ich net an Weihnachten. Ich net.‘ – Das ist deine alljährliche Weihnachtsansprache an uns …“

„Weil’s eben immer so ist“, entgegnet Oma Waltraut. „Die Klöß sind net richtig und im Braten ist Knoblauch drin und ich weiß genau, warum es so ist.“

„Weil’s eben immer so ist, haben wir es diesmal anders gemacht. Wir haben zwei Stunden Kartoffeln geschält und geraffelt, Gülten und ich. Komm mit in die Küche, die Schalen liegen noch auf dem Tisch. Das haben wir nur für dich gemacht, damit du es schön hast, Mama.“

Oma Waltraut gabelt weiter und rollt ein Stück Putenbraten durch den Mund, als ginge es darum, einen Michelin-Stern zu erteilen. „Sehr gut“, sagt sie. „Kein Knoblauch dran diesmal – schmeckt man – und ein wunderbar zartes Fleisch.“

Nach dem Essen gibt es koffeinfreien Kaffee für alle und friedlich-satte Stimmung breitet sich aus. Klaus hat wieder die Weihnachtslieder aufgelegt. Der Dede ist im Sessel eingeschlafen, die Gebetskette in der Hand.

„Ich hab mir immer zwei Enkelkinder gewünscht, einen Buben und ein Mädchen, Oliver und Jennifer“, grummelt Oma Waltraut vor sich hin. Oliver spricht sie aus wie Olive. „Und was ist draus geworden? Zwei richtige Ausländerkinder, und ausländische Namen haben sie auch noch gekriegt, zwei ganz komische.“

„Also bitte“, sagt Klaus. „Eser heißt Eser Wilfried nach seinem deutschen Opa und Gülten heißt Gülten Waltraut, damit sie später mal wählen können. So haben wir es damals eintragen lassen.“

Gülten Waltraut, dass ich nicht lache, denkt Gülten. Mit einem hilflosen Baby kann man das machen. Waltraut ist so ungefähr der scheußlichste Name, den sie kennt. Kommt gleich nach Sieglinde. Gülten W. Raab, höchstens in dieser Form.

„Weihnachten regt mich immer furchtbar auf. Ich schlaf die ganze Woche vorher nicht, weil ich mich so freue, dich und die Kinder zu sehen.“ Oma Waltraut sagt es halblaut zu Klaus. Dann schaut sie hinüber zu Ana und murmelt noch etwas. Es ist die Entschuldigung. Ana schenkt ihr ein großherziges Lächeln.

Fadime und Orhan haben im Wohnzimmer die köstlichsten kalten Vorspeisen aufgebaut, die Gülten je gesehen hat. Leckere Sultansmeze ist dabei und Hühnchen auf Tscherkessenart, alles wegen Erkan.

Aber dann ziehen Tülays Eltern sich diskret zurück, nachdem Klaus und Ana zugesichert haben, darauf zu achten, dass Tülay keinen Alkohol trinkt, und sie pünktlich bei ihren Eltern in der Wohnung abzuliefern.

Gülten ist sehr gespannt auf Nadine. Allein schon darauf, was Nadine zu ihr sagen wird. Hundertmal über Eser gelästert und jetzt plötzlich am ersten Weihnachtsfeiertag bei ihnen in der Wohnung. Das gibt's ja nicht, Mesut, so eine Heuchlerin.

Und dann klingelt es und Gülten rennt an die Tür. Bestimmt ist es Nadine.

„Nicht zu fassen", sagt Gülten.

Erik steht vor ihr im schwarzen Anorak.

„Ich bin der Überraschungsgast", sagt er und gibt ihr die Hand.

„Wieso ist deine Hand so kalt?"

Er erklärt, dass er mit dem Fahrrad gekommen ist, und sie weiß, dass es ein ziemliches Stück ist, durch die ganze Stadt, weiter als die Strecke, die sie mit dem Bus zur Schule fährt.

Da geht etwas los, ein Erdbeben. Eser hat die Bässe viel zu laut eingestellt. Es ist eine CD von den *Really Bad Inline Online Boys*. Die Demo-CD, die sie neuerdings an alle Schallplattenfirmen senden.

Erik fällt in Gültens Arme. Sie hält ihn kurz fest, zieht ihn in den Hausflur und lässt ihn sofort los. Oh Mesut, das war ein Überfall. Das lass ich mir nicht gefallen!

Erik hält Gülten ein in rosa Geschenkpapier eingewickeltes Etwas entgegen.

„Für mich?"

„Klar, für dich", sagt Erik.

Eser dreht die Stereoanlage noch lauter, ihm ist wohl gerade eingefallen, dass die Nachbarn rechts und links von ihnen im Skiurlaub sind.

Gülten zieht die Schleife herunter und wickelt das Papier auf. Ein Kuscheltier, eine Biene Maja aus Plüsch mit silbrigen Flügeln. Erik hockt sich auf die unterste Treppenstufe und zieht die Schuhe aus. Gülten sieht, dass er die Lippen bewegt, kann aber kein Wort verstehen, weil die Musik so laut ist.

„Gefällt sie dir? Sie heißt Dr. Molitor!", brüllt Erik.

„Warum Dr. Molitor?"

„Weil …"

Der Dede kommt die Treppe herunter, auch er bewegt lautlos die Lippen.

„Das ist ein Erdbeben! Ich gehe zur Moschee!", schreit er Gülten dann ins Ohr, während er sich den Wintermantel überzieht und die Mütze aufsetzt. „Ich werde im Büro schlafen." Er ist nicht verärgert, wirft Erik aber doch einen fragenden Blick zu, ehe er geht.

Er prallt fast mit Nadine zusammen, die, weiß geschminktes Gesicht, ganz in Schwarz, mit einem Trash-Ohrring im Ohr, vor der Tür steht. Als sie Eser um den Hals fällt und ihn mit beidseitigem Küsschen begrüßt, hört Gülten durch das Dröhnen der Bässe das lang gezogene Jaulen des Dackels. Sekunden später steht Oma Waltraut auf der obersten Treppenstufe, blass wie eine Tote, auch ihre Lippen bewegen sich.

„Stell doch mal leiser, Eser!“, schreit Gülten.

„Mach’s lauter!“, brüllt Erkan auf Türkisch. „Es ist toll!“

Klaus und Ana tauchen von ganz oben auf. Sie hatten sich in Esers Zimmer zurückgezogen, um fernzusehen.

Eser dreht die Knöpfe endlich etwas herunter.

„Klaus, fahr mich sofort heim!“, schreit Oma Waltraut. „Das hält ja kein Mensch aus!“

In Anas Gesicht steht: Wenn es Eser gefällt und ihm Spaß macht, freue ich mich auch.

„Ich will nach Bad Wimpfen!“, ruft Oma Waltraut. „Ich bekomme einen Herzanfall! Besorg mir ein Taxi!“

„Ich fahr dich, Mama. Mach dich fertig“, sagt Klaus.

Plötzlich ist es ganz still im Haus. Erkan probiert irgendetwas mit der Anlage aus. Nadine steht im Wohnzimmer und sieht sich um. „Alles bisschen prolo bei euch“, sagt sie, „aber irgendwie nett. Habt ihr Prosecco da?“

„Es gibt nur Bier. Wir sind ein islamisches Haus“, sagt Eser.

„Mann, ist der süß!“, schreit Nadine auf. „Den nehm ich mit, der gefällt mir!“ Gemeint ist Kaplan, der sich an ihr vorbeidrückt.

Klar, braucht ihn wohl für ihre nächtlichen Satansmessen, denkt Gülten.

Sie sitzen auf dem geschwungenen Korbsofa, Gülten in ihrer Daunenjacke, Tülay im zugeknöpften, bodenlangen Mantel und Erik mit Schal um den Hals, vor sich auf dem kleinen Glastisch Weißbrot und die Schüssel mit der Sultansmeze. Erik trinkt Bier, Gülten und Tülay Pfefferminztee, weil es im Wintergarten so kalt ist. Aber sie haben die Schiebetür fest zugezogen, dadurch hören sie die Musik nicht mehr in voller Lautstärke.

„Hier gefällt's mir", sagt Erik. „Esst ihr jeden Tag Sultansmeze?"

„Klar", versichert Gülten. Der hat ja keine Ahnung, wie lang man dafür in der Küche steht.

„Was ist das?" Erik zieht ein zerlesenes Paperback hinter dem Sofakissen hervor und Gülten ist es irgendwie unangenehm. Es ist derzeit ihr Lieblingsbuch, das von Fariduddin Attar mit den Lebensgeschichten der bekannten Sufis.

Eser reißt die Tür auf, harter Techno quillt mit ihm herein. Er wirft Gülten das schnurlose Telefon in den Schoß, ohne eine Erklärung und grinst eigenartig.

„Na?", fragt Erik.

Gülten presst das Telefon ans Ohr.

„Geht's dir gut, Kleine?"

Mesut, Mesut, Mesut.

„Ich hab gedacht, ich ruf einfach mal bei euch an. Wir wollten wissen, ob ihr alle gesund seid und wie Eser zurechtkommt."

„Mesut, ich bin so froh, dass du anrufst. Ich kann dich fast nicht verstehen, weil es so laut ist, aber es ist trotzdem schön."

Gülten spricht halb Türkisch, halb Deutsch und würde am liebsten Tülay und Erik fortschicken, weit weg, und mit Mesut hier auf diesem Sofa ganz allein sein und die ganze Nacht mit ihm sprechen.

„Also dann, iyi geceler, gute Nacht", sagt Mesut und hat schon wieder aufgelegt.

„Wer war's?"

Geht dich nichts an, Erik. Mesut, ich sag's ihm nicht.

„Bestimmt jemand, den du magst. Deine beste Freundin in der Türkei?"

„Es war Mesut", sagt Gülten.

„Ich hab's mir gedacht", sagt Tülay und freut sich für Gülten.

Die Tür geht noch einmal auf, wieder ist der Raum voll mit Techno und die Blattspitzen der Drachenbäume zittern.

„Bleib da", flüstert Tülay. „Ohne dich halt ich das nicht aus."

„Klar bleib ich da", haucht Gülten.

Es ist Erkan. Er hat einen warmen Strickpullover von Eser an, den mit dem Norwegermuster, zu weit und zu lang für ihn, und lächelt verlegen.

„Setz dich zu uns", sagt Gülten. „Hier gibt es gute Sachen zu essen."

Erkan hockt sich auf den Boden vor den Tisch, da sonst kein Platz mehr frei ist. Erik reicht ihm eine Dose Bier, die er für sich selbst unter dem Sofa abgestellt hatte. Man kann nichts gegen Erkan haben, so höflich, so unaufdringlich, wie er ist.

„Wenn es hier nicht so kalt wäre", sagt Erkan und klappert mit den Zähnen, „wäre es der schönste Ort im Haus. Hier gefällt es mir." Er sagt es auf Türkisch. Gülten übersetzt es schnell für Erik.

„Bloody cold", sagt Erkan. Klar, er kommt auch ohne Übersetzerin zurecht.

Zum Konzert von *Fettes Brot*, sagt er dann, wieder auf Englisch, würde er gerne gehen. Ob Tülay und Gülten und natürlich auch Erik Lust hätten mitzukommen.

„Wo ist es?", fragt Erik.

„Offenbach, Stadthalle", sagt Erkan. „Nächste Woche, Freitag."

Woher kennt Erkan aus Şekerdag *Fettes Brot*? Mesut, mal ehrlich, du hast noch nie was von dieser Gruppe gehört, oder? Kennt man die in der Türkei?

Erkan erzählt von Perihans Verwandten in Deutschland, die ihnen CDs mitgebracht hätten. Gülten stellt fest, dass Erkan bisher in jeder Unterhaltung irgendwie auf Perihan zu sprechen gekommen ist. Nicht gerade die geschickteste Art, sich bei Tülay als künftiger Ehemann vorzustellen. Dann fragt er, ob es von hier weit nach Offenbach ist und wie man hinkommt.

Erik erklärt, dass man ganz gut mit der S-Bahn hinfahren kann, und Eser fügt hinzu: „Babamız wird uns abholen, mit dem Auto."

„Wer ist Babamız?", fragt Erik verdutzt.

„Babaları", sagt Erkan. „Babanız."

Erik guckt gequält.

„Unser Vater Klaus", erklärt Gülten. „Babamız heißt ‚unser Vater', Babaları bedeutet ‚ihr Vater' und Babanız ‚euer Vater'. Ist ganz einfach, wenn man es einmal begriffen hat."

„Und der holt euch in Offenbach ab, nachts um drei?", fragt Erik ungläubig.

Tülay presst die Lippen zusammen, sie verschwindet geradezu in Mantel und Kopftuch, hat aufgehört zu essen, trinkt auch nichts mehr und sagt nichts zu *Fettes Brot*. Auch nicht, ob sie mitwill. Die Wahrscheinlichkeit ist immerhin hoch, dass ihre Eltern es ihr erlauben, weil ja Erkan dabei ist.

„I like the group“, sagt Erik.
„Tülay, do you like the group?“
Gülten und Erik erstarren über Erkans Annäherungsversuch auf Englisch.
„Oh yes, I do“, flüstert Tülay. „They are indeed a really good group. But of course I prefer the *Really Bad Inline Online Boys …*“
Gülten denkt sich, dass sie aus Höflichkeit gegenüber Erik miteinander Englisch reden. Aber vielleicht auch, weil Türkisch zu persönlich wäre.

11. Kapitel: Hafiflik

Sie sind allein im Wartezimmer des Neurologen, des Professors, an den Oberarzt Becker sie verwiesen hat, weil Esers Fall nicht eindeutig ist. Keine klare Sache. Widersprüchliche Einzelbefunde.

Eser und Gülten tauschen wortlos Blicke. In der Ecke steht ein Aquarium und am Fenster Blumentöpfe mit Farnen. An den Wänden hängen Ölbilder, die entweder der Doktor oder seine Ehefrau gemalt haben müssen. Gülten entziffert den Namenszug *Jäger* in der rechten unteren Ecke. Eser hat seine Kopfhörer in die Ohren gesteckt und wippt mit den Füßen.

„Nimm die Kopfhörer ab“, zischt Gülten.

Eser sieht nur, dass sie etwas gesagt hat, und sieht sie fragend an.

„Die Kopfhörer!“ Sie deutet auf seine Ohren.

Widerwillig zieht Eser sie ab. „Du bist ein echtes Nervenbündel, Gülten. Warum hast du dir keine Musik mitgebracht?“

„Ich bin kein Nervenbündel. Ich konzentriere mich, das ist alles.“

„Du betest, stimmt's?“

„Kann schon sein.“

„Weißt du, worüber ich nachgedacht habe?“, fragt Eser. Er sieht angestrengt aus. „Aus dem Koran kannst du alles machen. Die Fundamentalisten leiten aus dem Koran ab, ihre Töchter zwangszuverheiraten und Bomben zu werfen. Die Sufis behaupten, es sei in Ordnung, Wein zu trinken und sich zu berauschen, um Allah näherzukommen. Und was der Dede in seinen Freitagsansprachen sagt, weißt du ja am besten. Im Iran werden untreue Ehefrauen gesteinigt und bei uns auf dem Land werden fünfzehnjährige Mädchen gegen ihren Willen mit uralten Männern verheiratet. Und für alles lässt sich irgendwie eine Begründung aus dem Heiligen Buch herausziehen. Männer, schlagt eure Frauen und Töchter …"

Er sagt es ohne Hohn oder Aggressivität. Aber Gülten kann nicht anders, sie muss widersprechen. In den letzten Wochen hat sie oft im Koran gelesen und mit dem Dede über das Gelesene gesprochen. „Wer den Koran aufmerksam liest, kann nicht alles aus ihm ableiten. Es gibt keine Stelle, die es gutheißt, Menschen zu quälen und zu töten. Und in den Hadith* über das Leben des Gesandten steht, dass Mohammed gütig und mild war und alles getan hat, um es den Menschen leicht zu machen."

„Hör auf mit den Dedegeschichten, wie Mohammed seinen Ärmel abgeschnitten hat, um die Katze nicht im Schlaf zu stören. Das sind Märchen, begreif das mal! Märchen für so einfältige Gemüter wie dich."

„Die Hadith sind wahr, das weißt du genau."

„Kann schon sein. Reden wir lieber vom Koran. Der ist nicht nur zweideutig, er ist mindestens zehndeutig."

„Es gibt einen Hadith, in dem berichtet wird, der Erzengel Gabriel habe Mohammed den Koran in sieben ahruf, also sieben Buchstaben oder Lesarten überbracht."

„Nein, nein, darum geht es nicht", sagt Eser und Gülten kann nicht verstehen, warum er plötzlich hier in diesem Wartezimmer über den Koran sprechen will. „Die Grundlage ist schließlich der Wortlaut, al kitab, das Heilige Buch, die Worte Mohammeds, die nicht abgeändert und nicht bezweifelt werden dürfen …"

„Du weißt genau, dass es nicht die Worte Mohammeds sind. Es sind die Worte Allahs, die er Mohammed offenbart hat."

„Soviel ich weiß, konnte Mohammed nicht lesen und nicht schreiben. Er war Analphabet."

„So nimmt man an, doch ganz sicher ist das nicht. Er war jedenfalls ein kluger und vielseitig gebildeter Mann."

„Aber jetzt versetz dich mal in die Situation: In zahlreichen einsamen Visionen wird Mohammed der Text des Korans durch Allah offenbart …"

„Ja, und? So war es doch auch bei Moses."

„Denk mal dran, wie lang einige Suren sind, wie umfangreich. Mohammed bewahrte sie alle in seinem Herzen, lernte sie auswendig und gab sie weiter."

„Genau so muss es gewesen sein", sagt Gülten und ist immer noch erstaunt darüber, dass Eser hier und jetzt unbedingt mit ihr über den Koran sprechen will. „Jahrzehntelang wurden die Suren gebetet und mündlich weitergegeben. Nach Mohammeds Tod hat Khalif Omar dem Khalifen Abu Bakr den Rat gegeben, den Koran sammeln zu lassen und in einer zuverlässigen Form der Gemeinde zugänglich zu machen."

„Für mich ist das nicht überzeugend", sagt Eser. Er lehnt sich zurück und wippt mit den Füßen. „Denk mal drüber nach. Dann wirst du begreifen, dass eine solche Überlieferung nicht zu einem gesicherten Text führen kann."

„Es sind Allahs Worte. Sie waren von vornherein erhaben und heilig. Niemand hätte gewagt, etwas an ihnen zu ändern", wendet Gülten ein. „Der beste Beweis ist der Koran selbst. Du spürst einfach, dass es erhabene Worte sind …"

„Ach ja?“

„Es sind Allahs Worte und er hat selbst einen Weg gefunden, um al kitab den Menschen zu verkündigen. Er hat nun mal den Weg gewählt, dass er sich seinem Gesandten Mohammed offenbart hat.“

„Von mir aus. Aber ich möchte über den Wortlaut und einzelne Formulierungen diskutieren. Ich nehme al kitab nicht gläubig hin, genau wie viele Christen ihr Evangelium nicht einfach hinnehmen. Dazu bin ich zu lange auf die Schule gegangen. Schon mal was von Textkritik und kritischem Denken gehört?“

„Du machst alles kaputt!“, schreit Gülten. „Du bist ein Idiot!“

„Du schreist nur, weil ich recht habe.“

„Ich schreie überhaupt nicht. Aber der Mensch sollte Demut empfinden vor den Suren des Korans. Oder wenigstens so etwas wie Respekt. Wer bist du denn? Du bist ein Mensch und Allah ist unendlich viel größer als du. Ohne Allah wärst du nichts. Er hat dich erschaffen. Du solltest ihn achten …“

„Und wenn ich keine Demut empfinde?“

„Wer bist du denn ohne Allah?“

„Eser Raab aus Frankfurt Unterliederbach.“

Gülten ist den Tränen nahe. Oh Mesut, nur Allah kann ihm seine Arroganz verzeihen und ihm helfen.

„Dass der Mensch kein einziges Wort und keinen Satz Allahs bezweifeln darf und dass er sich ständig vor Allah in den Staub werfen soll, weißt du, was das bedeutet, Gülten?“

Gülten sieht ihn an und hat keine Hoffnung mehr für Eser. Als ob der Koran irgendein Buch wäre.

„Es ist auf alle Fälle das Gegenteil von Demokratie. Allah steht kilometerweit über seinen Menschen."

„Das ist nicht wahr. Gott ist dem Menschen näher als die Halsschlagader. Er ist ganz nahe, er erhört die Gebete der Menschen und er erbarmt sich ihrer ... Er verzeiht ihnen."

„Ja, er verzeiht ihnen. So wie ein mächtiger Herr seinen Untergebenen, das ist Allahs Beziehung zu den Menschen. Sie gefällt mir nicht."

„Du hast nichts verstanden", sagt Gülten. „Eser, du solltest ..." Er sollte jeden Tag im Koran lesen. Mesut, es geht Eser so schlecht, dass es Zeit wäre, zu Allah zu beten, meinst du nicht auch?

Eser hat angefangen, in einer Zeitschrift zu blättern. Offensichtlich will er das Thema nicht fortsetzen. Gülten wagt sich auch nicht mehr vor.

„Du, ich hatte heute Nacht den Traum", sagt Eser plötzlich.

Gülten weiß nicht gleich, welchen er meint.

„Den Isthikhara-Traum von der Hochzeit."

„Tülays Hochzeit?"

„Den von Narbengesichts Hochzeit in Şekerdag. Ich war eingeladen, sonst niemand aus der Familie."

„Dich werden sie gerade einladen."

„Und die Gelin* war ein Mädchen aus dem Dorf, das, in das sich Erkan verliebt hat. Perihan."

„Perihan?" Gülten fasst es nicht. „Bist du ganz sicher? Die kleine, dünne Perihan mit den traurigen Augen? Sag mal, du hast dich doch kein einziges Mal zum Nachtgebet niedergeworfen, da bin ich absolut sicher."

„Habe ich auch nicht", sagt Eser.

„Und ausgerechnet dir schickt Allah den Traum?“

„*Allah leitet, wen er will, und wen er nicht will, den leitet er nicht*, so heißt es doch im Koran.“

„Du musst den Traum dem Dede erzählen, das bist du Tülay und Erkan schuldig.“

Esers Gesicht nimmt den verschmitzten Ausdruck an, den Gülten so an ihm mag. „Ich hab’s ihm schon heute Morgen beim Frühstück erzählt. Dede Ömer hat selbst ja schon zweimal von einer Hochzeit mit einer dünnen, kleinen Braut geträumt. Und dabei hat Erkan niemals mit ihm über Perihan gesprochen.“

Der Befund muss jetzt da sein. Die endgültige Diagnose, die über alles entscheidet.

Der Professor hat ein Gesicht wie ein Uhrmacher. Abgesehen von seinem strahlend weißen Kittel kommt er Gülten vor wie Klaus, wenn er hinter der Theke steht und einem Kunden erklärt, dass er alle vier Stoßdämpfer erneuern muss.

„Die Behandlungsmöglichkeiten für diese Krankheit sind sehr gut. Vor fünfzig Jahren starben achtzig Prozent der Patienten innerhalb weniger Jahre. Heute stirbt fast niemand mehr daran. Die Lebensqualität der Patienten ist so gut, dass sie die Krankheit im Laufe der Jahre manchmal sogar vergessen oder anfangen, heimlich ihre Medikamente abzusetzen.“

„Wird es wieder klappen mit dem Keyboard?“, fragt Eser.

„Es wird möglicherweise einige Monate dauern, aber es wird Ihnen längerfristig wie nicht erkrankten Menschen gehen“, sagt der Professor. „Je nach dem, wie Sie auf die

Medikamente ansprechen, ob Sie vielleicht das eine oder andere weniger gut vertragen. Aber wahrscheinlich werden Sie sie vertragen und dann wird Ihr Körper aufhören, die gefährlichen Antikörper zu bilden."

„Basketball?", sagt Eser zögerlich.

Der Professor überdenkt die Frage kurz. „Ja. Ist drin. Wenn Sie es nicht übertreiben."

„Ich übertreibe alles", sagt Eser.

Hafiflik, denkt Gülten und spricht es aus. *Mit dem Schweren kommt das Leichte.* Bei Birhan war es irgendwie anders. Es ist allerdings auch schon ein paar Jahre her. Sie haben seine Krankheit nicht rechtzeitig erkannt und er bekam den Erstickungsanfall im falschen Moment.

„Was haben Sie gesagt?", fragt der Professor.

„Hafiflik bedeutet Erleichterung", antwortet Gülten.

„Sie können erleichtert sein", sagt er. „Ich bin es auch. Manchmal ist die Diagnose schwierig, weil der Befund nicht so eindeutig ist. Der Patient hat zwar Symptome, aber man weiß nicht genau, was die Ursache dafür ist. Solange man keine exakte Bestimmung der Krankheit hat, kann man sie auch nicht behandeln." Er gibt ihnen Broschüren und Merkblätter zu Esers Krankheit mit.

„Es ist noch nicht ausgestanden", überlegt Eser. Er ist stehen geblieben und schaut auf die Treppenstufen hinunter, die er allein nicht schafft. „Ich komme an dem Rollstuhl nicht vorbei."

„Irgendeins von den Medikamenten wird wirken", sagt Gülten und ist sich ganz sicher. „Es wird eine Zeit lang dauern und dann wird alles wieder wie vorher sein."

„Und du kommst dann endlich mal in die Disco mit. So richtig abhotten, ja?" Seine Augen leuchten auf. „Du bist schon siebzehn und warst noch nie in einer richtigen Disco."

„Ja", sagt sie. „Das mach ich sogar."

Er lacht. Sie ist kein Discotyp, das weiß er schließlich.

Hafiflik, denkt sie und möchte am liebsten hüpfen. Es gibt Tage, an denen muss auch ein muslimisches Mädchen tanzen. Gülten breitet die Arme aus. *Mit dem Schweren kommt das Leichte.* „Ich bin Muslima", sagt sie. „Aber das eine Mal gehe ich trotzdem in die Disco mit."

„Wissen wir doch alle längst, dass du Muslima bist", sagt er. „Du und Mesut, ihr seid die Islamisten* in unserer Familie."

Warum nimmt er nie etwas ernst? Warum begreift er nicht, was Islam bedeutet, Eser, ihr eigener Bruder?

„Geschafft", sagt er.

Sie stehen unten und Eser hat die Stufen fast allein gemeistert. Sie hat ihn nur ganz leicht am Arm abgestützt. Easy, du wirst gesund werden. Allah hat dir bereits geholfen und er wird es weiterhin tun.

„Ins *Gold*", sagt Eser.

Sie hat die Sache mit der Disco schon fast wieder vergessen, in Gedanken ist sie immer noch mit Esers Krankheit beschäftigt.

„Wir werden ins *Gold* gehen", wiederholt er.

„Ich bin doch erst siebzehn", sagt sie.

„Das ist doch gerade der Reiz, ob sie einen trotzdem reinlassen, weil man alt genug aussieht …"

Eser wird es schaffen, er wird ein normales Leben führen können, trotz seiner Krankheit. Dafür wird sie Allah danken. Was interessieren sie irgendwelche Discos? Das mit dem Freitagsgebet ist schwierig wegen der Schule.

Wenn sie eine halbe Stunde früher weggeht, dann vielleicht. Nurgüls Kopftuch, sie wird es von nun an tragen. Jeden Tag, wenn sie das Haus verlässt. Es gehört zu ihr. Sie ist Muslima.

12. Kapitel: Pardah

„Es tut mir leid“, sagt Molitor und schaut Tülay über seine Lesebrille hinweg an, „aber ich muss nachher mit Ihnen sprechen. Ja, mit Ihnen, Tülay.“

Es ist der erste Schultag nach den Weihnachtsferien. Tülay zuckt die Achseln und schüttelt die Haare. Wie er es gesagt hat, scheint es etwas Unangenehmes zu sein.

„Ich hab keine Ahnung“, flüstert sie Gülten zu.

Oh Mesut, aber ich habe plötzlich eine Ahnung. Eine ganz schlimme. Es müssen diese Pornozeichnungen sein. Warum muss Tülay auch immer die Wände der Toilettentüren bemalen? Ich bin sicher, dass es darum geht.

Molitors Blick bleibt einen Moment an Gülten hängen, genauer gesagt an ihrem Kopftuch. Molitor sieht nachdenklich aus, alle spüren es, so, als wolle er eigentlich etwas dazu sagen, aber dann tut er es lieber doch nicht. Er nimmt Platz und legt das gelbe Textheft mit Lessings *Nathan* auf das Pult.

„Gut“, sagt er. „Ich hoffe, Sie haben den Text jetzt alle durch. Wir werden die Klausur nur darüber schreiben, und das Beste, was Sie zur Vorbereitung tun können, ist, sich den Text intensiv vorzuknöpfen. Ich empfehle mehrfaches Lesen.“ Er lächelt verschwörerisch.

Wieder bleibt sein Blick auf Gülten hängen. „Gülten“, setzt er an. „Ich sehe, Sie tragen ein Kopftuch. Das tun Sie schon seit einiger Zeit. Es geht mich eigentlich nichts an, aber ich möchte doch fragen, warum Sie so im Unterricht erscheinen.“

„Ich bin Muslima“, erklärt Gülten. „Das möchte ich auch in der Öffentlichkeit bezeugen. Eine Muslima soll ihre Reize nicht öffentlich zur Schau stellen …" Gülten zögert, ehe sie weiterspricht. Einen Moment lang sieht sie Mesut und Dede Ömer vor sich. „Mit dem Kopftuch zeige ich, dass ich nicht flirten möchte und dass kein Junge mich anmachen soll. Der Koran fordert Männer und Frauen gleichermaßen auf, nicht herumzuflirten, sondern sich auf eine höhere geistige Ebene zu begeben und Allahs zu gedenken."

„Mutig", sagt Molitor.

„Wir nennen dieses System Pardah", erklärt Gülten, und alle hören zu. „Pardah bedeutet Schleier und ist das Prinzip der Geschlechtertrennung. In der Moschee und bei Feierlichkeiten halten Männer und Frauen sich in getrennten Räumen auf. Das soll verhindern, dass zwischen Männern und Frauen neue, unerlaubte Beziehungen entstehen."

Irgendjemand kichert.

„Fremdgehen ist im Islam eine Sünde", sagt Gülten. „Und Flirts sollen auch nicht sein."

„Sag das doch mal den türkischen Jungs", zischelt Nadine.

„Danke, Gülten, das war sehr aufschlussreich. Ein andermal werden wir ausführlicher darüber sprechen. Wir müssen jetzt zu einem anderen Thema kommen, unserer Kursfahrt ins Naturfreundehaus im Odenwald."

Tülay heult, als sie auf Gülten und Erik zukommt. Sie wagen nicht zu fragen, was passiert ist.

„Irgendeine von den Tussen hat mich verpfiffen. Molitor wusste, dass ich es war, die die Türen in der Mädchentoilette vollgeschmiert hat."

„War ja auch etwas übertrieben“, sagt Gülten. „Scarface muss sterben. I hate Scarface.“ Und dann die Zeichnungen von einem dünnen, nackten Jungen. Pornozeichnungen. Das hätte sie nie von Tülay gedacht. „Und?“

„Es war bestimmt Nadine. Die hat mich schon die ganze Zeit auf der Abschussliste!“

„Jetzt hör mal auf mit dem Verfolgungswahn. Vielleicht war es der Hausmeister. Ich kann mir nicht vorstellen, dass irgendein Mädchen aus der Schule wegen ein paar Kritzeleien zu Molitor rennt.“

Gülten nickt zustimmend. Erik hat recht.

„Du hast von nichts eine Ahnung, Erik! Die hassen mich, weil ich Türkin bin. Ich soll nachmittags in die Schule kommen und die Türen neu streichen“, stöhnt Tülay. „Mein Vater schlägt mich tot. Molitor will zu Hause bei uns anrufen. Ich hab gesagt, meine Mutter liegt im Krankenhaus, Krebs, und wir sind alle völlig fertig.“

„Mit so was macht man keine Witze“, sagt Gülten. Tülay geht zu weit. Findest du doch auch, Mesut, oder? Sie hat keinen Respekt vor ihren Eltern, keinen Respekt vor der Schule, nicht mal vor dem Tod. Und sie sollte auch den armen Erkan nicht hassen.

„Zehn Türen!“, schreit Tülay.

„Warum musstest du gleich auf alle zehn etwas schmieren? War was Politisches dabei?“, fragt Erik.

„Nein, überhaupt nichts“, jammert Tülay. „Molitor hat was von schwarzer Farbe gesagt. Der Direx will verhindern, dass noch mal auf die Türen gekritzelt wird. Die Farbe soll ich auch bezahlen. Wenn ich mich weigere, bekomme ich einen Verweis von der Schulkonferenz oder irgend so was.“

„Die übertreiben es mit der Sauberkeit an unserer Schule. Das ist so ein Tick vom Lingenfelder“, sagt Erik. „Warum wirst du eigentlich nicht öffentlich ausgepeitscht? Auf dem Schulhof vor aller Augen?“

„Das sind Sadisten“, flüstert Tülay. „Dass sie einen so quälen.“ Sie ist blass. „Was glaubst du, was passiert, wenn Molitor mit meinem Vater spricht …“

„Steigere dich nicht rein“, beruhigt Gülten sie. „Sie werden vielleicht gar nicht anrufen.“ Aber ganz sicher ist sie sich auch nicht.

„Oder wenn ein Brief von der Schule kommt …“, jammert Tülay.

Der Hunderter von Oma Waltraut, der dürfte reichen, Mesut, was meinst du?

„Wir machen es zusammen“, schlägt Gülten vor. „Wir streichen beide, so geht es schneller und wir können uns dabei unterhalten.“

„Du kannst dir nicht vorstellen, wie ich mich auf die Kursfahrt freue“, sagt Erik in der folgenden Freistunde zu Gülten und strahlt sie an.

„Ich komme nicht mit.“ Gülten senkt den Blick.

„Wieso denn? Warum nicht?“, fragt Erik vorsichtig.

„Wegen mir brauchst du das nicht zu machen“, sagt Tülay. „Sei froh, deine Eltern erlauben es bestimmt. Du hast Glück, du bist nur eine halbe Türkin.“

Irgendwie tut es jedes Mal weh, das mit dem *halb*.

„Ich selbst will es nicht“, sagt Gülten. „Jeden Abend Disco und zusammen auf die Zimmer gehen, die Mädchen bei den Jungs und das Ganze …“ Du verstehst bestimmt, Mesut, dass ich da nicht mitkann. Erik stellt sich natürlich vor, dass wir stundenlang zusammensitzen, Tee trinken und miteinander reden.

Gülten wird plötzlich rot, mitten im Brief an Mesut sozusagen. Stundenlang neben Erik sitzen und mit ihm reden, über Dinge, über die sie noch nie miteinander gesprochen haben, über den Islam, über die Mystiker, über all diese Derwische. In Gülten denkt es: Ich will mit auf die Kursfahrt in den Odenwald.

Mesut, du musst warten. Später im Bus schreibe ich dir wieder. Jetzt rede ich mit Tülay und Erik, es muss sein. Ich kann nicht ununterbrochen Briefe an dich schreiben. Jedenfalls nicht, wenn Erik neben mir sitzt. Warum wird sie rot? Gülten findet es dumm und versteht es nicht und wird noch röter.

Schon die lange Busfahrt ist immer so schön. Früher waren es Klassenfahrten, jetzt sind es die Kursteilnehmer, die zusammen wegfahren. Oder vielleicht nehmen sie ja den Zug. Warum ist sie plötzlich so scharf auf die Kursfahrt? Nachdem sie doch schon beschlossen hatte, nicht mitzufahren.

„Wenn du dein Kopftuch anziehst, machen unsere Jungs dich nicht an. Die sehen dann schon ein, dass bei uns nichts geht. – Wenn du mitfährst, sind wir zwei muslimische Mädchen. Dann lassen meine Eltern mich auch mit. Sei keine Spielverderberin, Gülten."

Ob Tülay wirklich mitfahren darf, wagt Gülten zu bezweifeln. Egal. Sie will jedenfalls mit in den Odenwald. Was ist plötzlich mit ihr los? Mit Ana kann sie unmöglich darüber reden. Auch nicht mit dem Dede.

„Ich überleg es mir noch mal", sagt sie. „Irgendwie wär es schon toll."

13. Kapitel: Burada

An der Haustür klingelt es. Ana öffnet. Es sind Orhan und Fadime. Offenbar haben sie ein wichtiges Anliegen. Sie ziehen hastig die Schuhe aus, begrüßen Ana und Gülten und fallen im Wohnzimmer aufs Sofa.

„Es ist eine Schande, was sie in dieser Schule mit unseren Mädchen machen!“, ruft Orhan. „Es ist entehrend!“

„Was soll entehrend sein?“, fragt Ana.

Orhan ballt die Fäuste. „Sie sind die einzigen Türkinnen in ihrer Jahrgangsstufe und sie müssen die Toilettentüren neu streichen, Gülten und unsere Tülay. Ich werde mich beim Direktor beschweren. Die glauben, sie können alles mit uns machen.“

„Einen ganzen Nachmittag lang“, sagt Fadime, „sollen sie sich hinstellen und die Toilettentüren mit schwarzer Farbe streichen, weil die deutschen Schüler Sauereien auf die Türen geschrieben haben.“

„Sie müssen es zwar nur auf der Mädchentoilette machen, aber ich bin trotzdem nicht einverstanden“, ergänzt Orhan.

„Das ist ein dicker Hund“, pflichtet Klaus, der gerade heimgekommen ist, ihnen bei. Er hat seinen Trainingsanzug schon an. „Ruf da an, Rabia. Sprich mit diesem Lingenfelder. Das kann schließlich nicht sein Ernst sein.“

„Man könnte sich an die Presse wenden“, sagt Ana wutentbrannt. „Als Erstes werden wir uns mit dem Elternbeirat in Verbindung setzen.“ Dann schreit sie: „Die können nicht alles mit unseren Kindern machen!“

Erkan steht plötzlich im Wohnzimmer. „Kann ich irgendwie helfen?“, fragt er auf Türkisch.

Mit stockender Stimme berichtet Orhan, worum es geht.

„Warum ausgerechnet die beiden Mädchen, wo es doch Männerarbeit ist? Ich werde mitgehen. Dann sind wir zu dritt. Eser können wir auch noch mitnehmen." Erkan fühlt sich jetzt als ritterlicher Retter.

Gülten erschrickt. Tülay wird zusammenbrechen, wenn er wirklich mitkommen sollte.

„Es war freiwillig", wagt sich Gülten vor. „Niemand wollte uns beleidigen." Das stimmt sogar.

„Es ist nicht freiwillig", murrt Orhan. „Unsere Tülay musste weinen, als sie es erzählt hat."

Erst die Türen vollkritzeln und dann die Unschuldige spielen. Gülten schluckt. Wenn Tülays Eltern erfahren, was ihre Tochter sich geleistet hat, werden sie es entweder nicht glauben – oder Tülay schlagen. Gülten weiß es.

„Wie sind die auf euch gekommen? Man darf auch nicht alles mit sich machen lassen." Ana sieht Gülten vorwurfsvoll an.

„Na gut, ich werde euch sagen, warum. Ich habe die Türen mit englischen Sprüchen vollgekritzelt", sagt Gülten todernst. „Das ist der Grund. Es ist eine Strafe."

„Irgend so etwas habe ich mir fast gedacht", sagt Ana. Sie hat gerade entdeckt, dass es doch eine Gerechtigkeit in der Welt gibt.

„Tülay hat angeboten, dass sie mir beim Streichen hilft, und es wollten noch ein paar andere Mädchen mitmachen. Die andern schreiben die Toilettentüren ja auch voll. Es ist so eine Art Sport."

Erkan lässt es sich nicht nehmen, die Eimer mit der Farbe vom Parkplatz vor der Schule bis zur Tür des Mädchenklos zu tragen. „Es sind keine anderen Mädchen gekommen“, sagt er verärgert. „Nur ihr.“

„Männer dürfen nicht rein, auf keinen Fall“, flüstert Tülay, den Tränen nahe.

„Ich würde euch so gerne helfen“, sagt Erkan. „Es ist keiner da außer uns. Da sieht doch keiner, dass ich mit euch hineingehe.“

„Der Hausmeister kommt gleich“, lügt Gülten. „Wir bekommen den größten Ärger, wenn er dich sieht.“

„Na gut. Ich warte im Auto auf euch. Wenn er weg ist, sagt mir Bescheid, dann mache ich mit, damit es schneller geht.“

„Ich brech zusammen“, stöhnt Tülay, als Erkan endgültig verschwunden ist. „Der ist dermaßen aufdringlich ...“

„Er will sich nützlich machen, das ist alles“, sagt Gülten und ärgert sich über Tülay.

Tülay breitet Zeitungen unter den Türen aus. Gülten hat einen zerschlissenen Arbeitsoverall von Klaus an und ist entschlossen, mindestens fünf Türen zu schaffen.

„Das ist Sklavenarbeit!“, schimpft Tülay.

„Das kannst du laut sagen.“ Gülten ist bei der zweiten Tür und nass geschwitzt, obwohl es ein kalter Tag ist. Mevgili Mesut, Tülay ist keine von den Braven, obwohl sie zu Hause viel strenger erzogen wird als ich.

Nach der zweiten Tür greift Gülten zur Limoflasche.

„Hallo, ihr zwei!“

Gülten sieht verdutzt auf. Es ist Ana.

„Hast du früher Schluss gemacht?“

„Ja, hab ich. Ich muss mir diese Türen doch ansehen ...“ Ana geht behutsam über die Zeitungen und betrachtet schmunzelnd die Innenseiten der letzten drei Türen, die noch nicht gestrichen sind. „Die perfekten Malermeisterinnen seid ihr noch nicht", stichelt sie. „Arbeitet lieber etwas langsamer und dafür gründlicher. – Oh, Erkan ist ja auch da …"

„Verschwinde!", schreit Tülay auf Deutsch und Erkan, dem es im Auto langweilig geworden ist, versteht es noch nicht mal. Er schnappt sich einen Pinsel und einen 5-Liter-Behälter Farbe.

Ana dirigiert ihn zur letzten Tür. „Zeig ihnen mal, wie man streicht", sagt sie und kichert dabei.

„Ich falle jetzt tot um", sagt Tülay und schließt vor Verlegenheit die Tür ihrer Toilette zu.

Erkan quietscht auf, als er Tülays Inschriften und Gemälde betrachtet. „Gülten, du bist eine richtige Deutsche! Ein türkisches Mädchen würde so etwas nie riskieren. An einer türkischen Schule wäre das unmöglich."

„Erkan ist so doof, dass er nicht gemerkt hat, dass er gemeint ist", kichert Tülay auf der Kursfahrt.

So aufgedreht wie heute hat Gülten sie lange nicht mehr erlebt. Gülten fühlt sich auch gut. So gut, dass sie *Auf dem Weg nach Üsküdar* vor sich hin summt, Anas Lieblingslied. Sie sind in einem Vierbettzimmer untergebracht. Tülay und Gülten schlafen auf der einen Seite, Tina und Nadine auf der anderen. Tina hat versucht, in einem der anderen Zimmer unterzukommen, weil sie sich vor Nadine Brehm gruselt, aber es war nichts zu machen. Keine wollte mit ihr tauschen.

Tina sitzt auf ihrem Bett und ist sauer. Gülten findet, dass sie ihre Abneigung gegenüber Nadine übertreibt.

Abgesehen von ihrem Outfit und dem umgedrehten Kreuz benimmt sich Nadine nicht ungewöhnlich.

„Die bringen nachts auf dem Friedhof schwarze Katzen um“, sagt Tina. „Unschuldige Tiere, die ihnen nichts getan haben. Sie fangen sie ein, stecken sie in einen Sack und stechen sie bei ihren Messen grausam ab. Und mit so jemandem soll ich drei Tage lang das Zimmer teilen?“

Hört sich ganz so an, als hätte sie persönlich Nadine beim Katzenfang und beim anschließenden Abstechen beobachtet.

„Nadine ist total normal. Frag meinen Bruder. Sie will nur die Lehrer schockieren“, sagt Gülten. Sie möchte die Situation etwas beruhigen, bevor Nadine zurückkommt, die sich gerade ein Getränk am Automaten holt.

„Die ist nicht normal“, sagt Tina. „Ich hab Angst vor heute Nacht.“

Die Geschirrspülmaschine in der Jugendherberge ist ungefähr doppelt so groß wie die in den Küchen normaler Haushalte. Erik holt das Geschirr heraus, Gülten und Tina trocknen nach und räumen es in die Schränke ein. Im Flur draußen stehen die Jungen um die beiden Kicker herum und klackern den Ball ins Tor. Die Mädchen spielen im Keller Tischtennis. Draußen regnet es in Strömen. Der Blick aus den Fenstern des großen Speisesaals mit den langen Tischen ist eindrucksvoll: Man sieht über das Tal hinweg auf die Berge.

Sie sitzen auf der Couch im Aufenthaltsraum, nur sie beide. Das Kunstleder ist kalt und Gülten rückt näher an Erik heran. „Ich hab ein Buch über die Derwische mitgebracht", sagt Erik. „Ich les dir die Stelle daraus vor, die mir am besten gefallen hat …" Die anderen helfen entweder in der Küche bei den Abendessensvorbereitungen oder quatschen auf den Gängen. Der Regen trommelt aufs Dach und gegen die Fenster. Nicht gerade das ideale Wetter für eine Kursfahrt.

Erik blättert in seinem Buch: *„Das Kreuz und die Christen nahm ich von allen Seiten in Augenschein. Er war nicht am Kreuz. Ich ging zum Hindutempel, zu der alten Pagode. An beiden Orten fand ich keine Spur von Ihm … Ich ging zur Kaaba und traf Ihn auch dort nicht … Ich schaute in mein eigenes Herz. An diesem Ort sah ich Ihn. Er ist an keinem anderen Ort."*

„So hat Dschelaladdin immer gesprochen", sagt Gülten. „Er hat nach dem Kern aller Religionen gesucht. Jede einzelne davon war ihm zu eng. Er hat ja auch Wein getrunken und die Musik geliebt und die Regeln des Islam missachtet."

„Dschelaladdins Gedichte und sein Denken sind so interessant, dass man eigentlich in der Schule etwas von ihm hören sollte. Wäre doch mal eine Abwechslung, oder?"

„Damit kommen wir nicht durch. Er passt nicht in den Deutschunterricht und in die anderen Fächer sowieso nicht." Außerdem, findet Gülten, ist er zu schwer zu begreifen.

Sie schweigen eine Weile.

„Woran denkst du?", fragt Erik dann.

„Wie der Dede neulich Kichererbsensuppe gekocht hat. Er kocht immer für die ganze Familie. Ich kam zufällig in die Küche und sagte: ‚Toll, Kichererbsensuppe.' Und er fing mit Dschelaladdin Rumi an. Dschelaladdin hat eine Geschichte über die Kichererbsen geschrieben. Sie versuchen zuerst, aus dem kochenden Wasser zu springen, um dem Schmerz zu entgehen. Nach einiger Zeit werden sie weich. Erst in diesem Zustand kann der Mensch sie essen."

Erik sieht sie unverwandt an. „Und?"

„Es ist ein Gleichnis", sagt sie. „Die Kichererbsen müssen sich durch den Kochvorgang verwandeln, um zum Menschen zu kommen. So muss sich der Mensch verwandeln, um Gott nahe zu kommen." Gülten seufzt. „Passt nicht so richtig in den Deutschunterricht."

„Wir müssten es eben so hinkriegen, dass es passt", sagt Erik.

„Man könnte seinen Einfluss auf deutsche Dichter untersuchen. Der Dede hat mir erzählt, dass Goethe ihn gelesen hat. Es gab da einen Übersetzer, Friedrich Rückert, der viele seiner Ghasele* übersetzt hat."

Die Bücher, die im Büro der Moschee stehen, sind allerdings keine deutschen Übersetzungen.

„Wir könnten Referate darüber machen", überlegt Gülten. „Du und ich. Am liebsten würde ich ja eines über Yunus Emre halten. Der scheint in Deutschland völlig unbekannt zu sein. Yunus Emre ist mein Lieblingsdichter. Er hat im Mittelalter gelebt und ganz moderne Ansichten gehabt. Zum Beispiel hat er ein Gedicht geschrieben, in dem er Gott Vorwürfe macht. Gott habe ihn schließlich so geschaffen, wie er sei, also könne er ihm nicht so strenge Vorschriften machen und ihn bestrafen, wenn er vom Weg des Islam abweiche. Das ist schon beinahe aufsässig."

„Nadine würde das ganz bestimmt interessieren“, sagt Erik.

„Nadine ist ganz in Ordnung, mal abgesehen von ihrem Satanszeug.“ Gülten seufzt und denkt, dass Eser sich viel schlimmer benimmt als Nadine und viel aufmüpfiger ist. Und dann denkt sie, dass sie unbedingt ein Referat über Yunus Emre halten und Kopien mit seinen Gedichten in der Klasse verteilen will.

„Was gefällt dir so gut an Yunus Emre?“

„Er war das Gegenteil von Dschelaladdin Rumi.“

„Wie kann jemand das Gegenteil von Dschelaladdin sein?“

„Dschelaladdin hielt nichts vom Landleben. Er sagte einmal: ‚Dörfer sind Gräber.‘ Yunus war dagegen ein Bektaschi*-Derwisch. Angeblich konnte er weder lesen noch schreiben. Du kannst jeden Satz von ihm sofort verstehen.“

Gülten nimmt das kleine türkische Buch mit dem Derwisch vorne drauf, der auf einer Klippe steht und die Hände zum Mond reckt, und blättert darin. Der Dede hat es ihr neulich geschenkt.

„Das zum Beispiel ist ganz einfach und klingt wie ein Volkslied:

Wer eine Spur von Liebe fühlt, trägt Gott im Herzen.
Suche Gott in deinem Herzen,
nicht in Jerusalem und Mekka.“

„Ich freu mich schon auf die Disco mit dir“, sagt Erik unvermittelt.

„Wie kommst du denn jetzt darauf?“

„Eser hat gesagt, wir gehen alle zusammen ins *Gold*, wenn es ihm besser geht. Du und ich, Nadine und er.“

„Stimmt. Wenn es ihm wieder richtig gut geht, ein einziges Mal." Irgendwie ist sie verlegen und will sich vor Erik rechtfertigen. Dann kommen ihr die Tränen. Es geht Eser noch nicht so gut.

Erik legt den Arm um sie, tröstend, und ein paar Sekunden lang ist sie dankbar, dass er ihren Schmerz versteht und nichts mehr sagt.

14. Kapitel: Anatolien

Das Pausenzeichen schrillt durch die Schule. Alle greifen sie nach ihren Pausensnacks und belegten Broten. Gülten zieht ihre Jacke über.

„Gülten, was ich noch sagen wollte …" Dr. Molitor bleibt einen Moment neben ihr stehen. „Herr Lingenfelder bittet Sie darum, in der Pause ins Direktorat zu kommen. Er möchte etwas mit Ihnen besprechen."

Gülten sieht Dr. Molitor erschrocken an.

„Keine Ahnung, worum es geht", sagt Molitor.

Es ist wegen Eser, oh Mesut, es ist bestimmt wegen Eser. Er will mir etwas sagen wegen Esers Krankheit. Lingenfelder wird sie vermutlich darauf vorbereiten, dass Eser nicht länger auf der Schule bleiben kann. Sie wird für Eser kämpfen. Grüne und lila Haarsträhnen haben andere Jungen auch. Gülten fühlt sich schlecht. Oder geht es vielleicht um die obszönen Songtexte der *Really Bad Inline Online Boys*? Sie haben doch neulich im Musiksaal für das Schulfest geprobt. Bei Eser weiß man nie. Gülten ist auf alles gefasst.

„Ähm", sagt Lingenfelder und wendet sich ihr zu. „Ähm, da sind Sie ja. Schön, dass Sie gekommen sind."

Gülten wagt kaum zu atmen.

„Das Kopftuch", beginnt Lingenfelder. „Ich finde, Sie sollten kein Kopftuch tragen. Das haben Sie doch gar nicht nötig. Sie sind hübsch und intelligent."

Beklemmung steigt in Gülten hoch. Das Baschörtüsü, Mesut, hilf mir doch. Du könntest es sofort erklären. Mesut, ich sag es jetzt mit deinen Worten.

Doch bevor sie etwas sagen kann, spricht Lingenfelder weiter. Seine Stimme hat jetzt etwas väterlich Besorgtes. „Lassen Sie sich doch nicht von diesen …, nun, diesen Islamisten vereinnahmen. Sie tun sich selbst keinen Gefallen damit. Sie haben einen deutschen Pass. Sie leben in der Bundesrepublik seit Ihrer Geburt. Sie sprechen akzentfreies Deutsch, von ein paar kleinen Unebenheiten abgesehen …"

Unebenheiten? Sie hat nie weniger als 12 Punkte in ihren Aufsätzen. Soll er doch bitte schön bei Molitor nachfragen. Sie ist punktgleich mit Erik Bauer.

„Jetzt sind Sie dran", sagt Lingenfelder jovial.

„Im Koran steht das Gebot, dass Frauen ihre Reize vor den Blicken der Männer verhüllen sollen. Ich finde, es ist ein sinnvolles Gebot."

„Gülten, wir leben in Frankfurt zu Beginn des 21. Jahrhunderts. Sie sind eine der begabtesten Schülerinnen in Ihrer Jahrgangsstufe. Möchten Sie zurück aufs Dorf nach Anatolien?"

Gülten kann nicht sofort antworten. Wut steigt in ihr auf. Wut auf Lingenfelders Arroganz. Aber Wut ist jetzt das falsche Gefühl. Es muss ihr gelingen, ihn zu überzeugen. Dede Ömer wäre dazu in der Lage. Lächelnd und ruhig würde er Yunus Emre oder den Koran zitieren. *Senin dinin sana, benim dinim bana. Dir deinen Glauben, mir den meinen.* Immer wenn er Onkel Bekir trifft, sagt der Dede diesen Satz.

„Meine Mutter hat nichts mit Anatolien zu tun. Sie stammt aus der Gegend von Antalya." Ihre Hände zittern, aber ihre Stimme ist fest. Sie wird auf keinen Fall losheulen und die Nerven verlieren.

„Ich bin mir sicher, dass Sie auch weiterhin diese Schule besuchen möchten", setzt Lingenfelder erneut an.

Gülten überläuft es kalt. Das ist eine Drohung.

„Mir gefällt der Gedanke nicht, dass andere türkische Mädchen an unserem Gymnasium sich Ihrem Beispiel anschließen könnten. Sie setzen ein Signal, Gülten. Es ist kein gutes Signal. An dieser Schule weht ein freiheitlicher, demokratischer Geist. Wenn Sie so wollen: ein westlich und christlich orientierter Geist. Der Geist des Abendlandes, der Aufklärung. Hegel, Kant …"

„Lessing", ergänzt Gülten. Aufklärung, das ist Lessing, Nathan der Weise und der Tempelherr. Sie hat Hegel und Kant nicht gelesen. Sie kennt die Namen, aber mehr nicht.

Lingenfelder sieht durch sie hindurch, als wäre sie Luft.

Vielleicht hat sie zu leise gesprochen. Oder er hört ihr nicht zu. Nathan der Weise und die Sache mit dem Ring, den der Vater seinen Söhnen gibt. Nathan und der Tempelherr. Darüber haben sie im Unterricht gesprochen. Es gibt diesen einen Gott, den die Juden Jehova nennen und die Muslime Allah.

„Ich bin Christ", sagt Lingenfelder, knapp und hart. „Als solcher bekenne ich mich zu einer Wahrheit und die verträgt sich nicht mit aggressiver religiöser Intoleranz." Seine Stimme zittert jetzt. „Lassen Sie den Unsinn mit dem Kopftuch, Gülten. Ich fordere es nicht, ich bitte Sie aber darum, in Ihrem eigenen Interesse. Begeben Sie sich nicht ins Lager religiöser Eiferer. Lassen Sie sich nicht von einer Seite missbrauchen, die Sie noch gar nicht richtig kennengelernt haben."

Aber er hat sie kennengelernt, oder was? Ist er etwa Experte für radikalen Islamismus? Hat er jemals den Heiligen Koran gelesen? Wie viele Muslime kennt er persönlich? Was weiß er denn von ihr und ihrem Leben? Nichts. Er kennt Ana und Eser. Ob er jemals in der Türkei war? Vielleicht im Urlaub?

„Mein Großvater hat mich in die Moschee mitgenommen und mit mir zusammen den Koran und die Hadith, die heiligen Bücher unserer Religion, gelesen. Wir haben auch über die Sufis gesprochen. Durch ihn habe ich Yunus Emre kennengelernt und Dschelaladdin Rumi, zwei unserer bedeutendsten Mystiker …"

In diesem Moment spürt sie, dass alles gut werden wird. Mesut, ich bin ziemlich gut. Der Direx wird sich die Gedichte von Yunus Emre besorgen und sie lesen, danach wird er sich bei mir entschuldigen und sagen, dass ich dieses Kopftuch ruhig tragen soll. Er wird einsehen, dass er als Christ nicht im Besitz der Wahrheit ist, wenn er erst mal Yunus Emre gelesen hat. Ich werde ihn dazu bringen, Yunus Emre zu lesen. Ist das nicht eine intelligente Idee, Mesut?

Gülten fröstelt es plötzlich in ihrer Daunenjacke. *„Işk imamdur bize gönül cemaat …"*, murmelt sie vor sich hin. Wie soll man das übersetzen? *Die Liebe ist Imam, das Herz ist unsere Gemeinde, das Gesicht des Freundes ist die Kibla* … Dem Glauben von niemandem sind wir gegnerisch gesinnt, vollkommener Glaube kann ja nur Liebe hervorbringen …*

„Wenn Sie in der Türkei zur Schule gingen oder zur Universität, dürften sie dort kein Kopftuch tragen, ist Ihnen das klar? Ihr Schuldirektor würde nicht freundlich mit Ihnen über das Kopftuch diskutieren wie hier in Deutschland."

Doch, an den Imam-Hatib-Schulen darf man Kopftuch tragen, nur nicht an den staatlichen, denkt Gülten trotzig.

Lingenfelder fährt fort: „Ich nehme Ihnen diese Kopftuchangelegenheit nicht weiter übel. Was bringt es Ihnen denn, im Mittelalter stehen zu bleiben? Sie sind ein modernes Mädchen. Denken Sie über das, was ich Ihnen geraten habe, ernsthaft nach. Ich werde mich sehr freuen, wenn Sie wieder wie früher ohne Kopftuch im Unterricht sitzen."

15. Kapitel: Pflaume versteht es

Im ersten Moment denkt sie, er hat die ganze Zeit da gestanden, vor der Tür des Direktorats, mit dem Ohr an der Tür. Mesut, mevgili Mesut, sieh dir den an, diesen Verrückten. Die Pause ist schon vorbei. Weit und breit niemand mehr in den langen Gängen. Richtig, wir haben jetzt eine Freistunde.

„Ich bin gerade erst gekommen", sagt Erik und weiß wieder nicht, wohin mit seinen Händen. Das ist der Unterschied zu einem wie dir, Mesut. Du wärst überhaupt nicht verlegen. Du würdest auch vor der Tür auf mich warten, aber selbstbewusst. Oh Mesut, du hättest auch jedes Wort hören wollen. Für dich wäre jeder Satz wichtig gewesen. Für mich warst du dabei. Du und der Dede und Tante Nurcan.

„Was machst du eigentlich hier? Willst du spionieren oder was?" Sie will nicht unfreundlich sein, aber es hört sich so an. Sie sieht, wie Erik zusammenzuckt.

„Was hat der Direx gesagt?"

„Dass ich es mir überlegen soll", antwortet sie und muss schlucken. „Er hat gesagt, das Kopftuch ist ein Symbol der Unterdrückung der Frau und der radikalen Muslime. Und ich soll mir sehr genau überlegen, was ich da tue. Er hat gesagt, dass es nicht an diese Schule passt, wenn eine Schülerin verschleiert herumläuft. Dass es ein Signal ist für andere muslimische Mädchen. Und dass wir nicht in Anatolien sind. Ich müsste das doch als intelligentes Mädchen, das akzentfrei Deutsch spricht, verstehen. Blabla. – Ich habe einen deutschen Pass. Ich bin Bürgerin dieses Landes."

„Warum sagst du das?“

Irgendwie muss sie es ab und zu sagen. Sie wird es Mesut im nächsten Brief schreiben. Das Komische ist, dass ich einen deutschen Pass habe und Bürgerin der Bundesrepublik Deutschland bin. Es geht mir wirklich besser als Tülay, die sich beim Ausländeramt diese erniedrigende Bescheinigung holen muss. Tülay hat keinen deutschen Pass, weil ihre Eltern beide türkische Bürger sind. „… aber irgendwie fühle ich mich manchmal sehr türkisch.“

„Du bist beides, das ist es“, sagt Erik.

„Ich will mein Baschörtüsü behalten. Lingenfelder kann mich nicht zwingen, mit unbedecktem Haar in der Schule zu erscheinen.“

„Mach dir nichts vor. Wahrscheinlich kann er es doch.“

„Aber wieso? Tina trägt immer ein Goldkreuzchen um den Hals. Das können auch alle sehen. Ist das kein religiöses Symbol?“

„Ein westlich-christlich-abendländisches“, sagt Erik.

„Und was ist mit Nadines Satanskreuz? Das trägt sie jeden Tag. Dagegen ließe sich schon was sagen. Religion ist Religion, oder? Und Gott ist Gott …“ Gülten weiß nicht weiter. Sie sagt „Gott“, nicht „Allah“, aus Angst davor, Erik könnte sie falsch verstehen. „Und das Mittelalter …“

„Was ist mit dem Mittelalter?“, fragt Erik.

„Das Mittelalter war auch nicht so, wie Lingenfelder es sich vorstellt. Yunus Emre hat im Mittelalter gelebt und Gedanken über das Zusammenleben von Muslimen und Christen gehabt, wie Lingenfelder sie heute jedenfalls nicht mehr hat.“

„Nicht weinen", sagt Erik. „Hier hast du ein Taschentuch. Wer recht hat, muss nicht weinen."

„Ist das ein deutsches Sprichwort?"

„Ist von mir. Kein Sprichwort, sondern Erfahrung."

„Lingenfelder hat keine Ahnung vom Islam und von islamischer Kultur, das ist das, was ich so schlimm finde. Wir haben aneinander vorbeigeredet. Er glaubt, er tut etwas Sinnvolles und Richtiges, wenn er verhindert, dass ich mit dem Kopftuch in die Schule komme. Es ist für ihn ein Symbol und für mich ist es auch eins. Aber für ihn symbolisiert es etwas Abschreckendes und Rückständiges und für mich …"

„Für dich ist es wunderbar", sagt Erik.

„Genauso ist es." Sie schnieft ins Taschentuch. „Ich heule deswegen bestimmt nicht noch mal", sagt sie. „Es gibt viel Schlimmeres."

„Ich mag dich", sagt Erik. „Du siehst schön aus mit deinem Kopftuch." Er grinst verlegen. „Irgendwie cool. Chucks an den Füßen und ein Kopftuch."

„Ich bin kurz davor, von der Schule geschmissen zu werden, und du machst mich an."

„Den passenden Moment gibt es nicht", sagt Erik.

„Ach, Pflaume", seufzt sie. „Erik bedeutet auf Türkisch Pflaume."

„Soll das heißen, dass du mit mir gehen wirst?", hakt er nach.

„Du weißt genau, dass ein muslimisches Mädchen nicht mit einem Jungen geht. Niemals. Disco und so ein Zeug, zusammen Alkohol trinken, das meinst du ja wohl …" Und küssen, das meint er bestimmt auch. Aber das wird sie niemals aussprechen. Sie muss an Mesut denken, der sie einmal geküsst hat. Oh Mesut. Ganz nah standen sie beieinander im heißen Wasser der Quelle – und dann hat Eser nach ihr gerufen …

„Ich respektiere deine Religion", sagt er. „Und das Kopftuch. Im Gegensatz zu Lingenfelder habe ich kein Problem damit. Am Samstag muss ich schließlich auch meine Tante Roswitha respektieren. Mein Vater hat Geburtstag und das ist der einzige Tag im Jahr, an dem sie zu Besuch kommt." Er nimmt ihren Arm und sie gehen ein Stück den Gang entlang bis zum Treppenaufgang.

„Ich hab einen Vorschlag, einen ziemlich verrückten." Erik lächelt. Sie haben sich nebeneinander auf die dritte Treppenstufe gesetzt und er flüstert fast, damit seine Stimme nicht durch das Treppenhaus hallt. „Du und Eser kommt am Samstag zu uns zu Besuch, am frühen Nachmittag. Du musst unbedingt Tante Roswitha kennenlernen. Sie ist unheimlich nett. Ihr seid euch ähnlich. Wenn du sie kennenlernst, verstehst du sofort, was ich damit meine. Und es gibt nur diese eine Chance, weil sie katholische Ordensschwester ist und ihr Kloster nicht öfter verlassen darf. Und danach gehen wir zusammen ins *Gold*."

Für Gülten ist das alles zu viel auf einmal. Sie muss erst mal das mit Lingenfelder verkraften.

„Und?", fragt Erik nach der nächsten Schulstunde. „Freust du dich? Ich freu mich jedenfalls riesig. Samstags im *Gold*, es gibt nichts Tolleres. Man kann auch freitags hingehen, aber …"

„Freitags würde ich nie dahin gehen", sagt Gülten mit Überzeugung. In die Moschee ja, aber nicht ins *Gold*.

„Du, fall bloß nicht auf ihn rein", sagt Tülay. Der Bus rüttelt und wirft sie gegeneinander, als er in die Kurve geht.

„Auf wen soll ich nicht reinfallen?"

„Auf Erik. Der ist total in dich verknallt."

„Ich hab im Moment andere Probleme", sagt Gülten. Ihr ist schlecht von allem, was heute war.

Tülay bohrt nicht weiter. Sie sitzt da und schweigt vor sich hin.

„Scarface soll endlich heimfahren", sagt sie nach einer Weile. „Was bringt's ihm, hier in Frankfurt zu sein? Wie ich diesen Typ hasse! Er muss nicht bis zum letzten Tag bleiben und alle CDs der Welt kaufen, oder?"

„Je länger er bleibt, desto unwahrscheinlicher wird eure Heirat. Da braucht keiner mehr etwas zu träumen, um zu sehen, dass ihr nicht zueinander passt. Sag mal, sind deine Eltern nicht von den Zeichen beeindruckt, die Allah geschickt hat?"

„Sie sind sich nicht mehr sicher." Tülay lächelt vor sich hin. „Das ist immerhin eine ganze Menge. Und Scarface findet mich auch nicht gut. Er ist noch nicht mal scharf auf mich. Bin nicht sein Typ", sagt sie zufrieden. „Allah sei's gedankt. Da gibt's nichts mehr kennenzulernen. Der uncoolste Junge, der mir je begegnet ist. Und den wollten sie mit mir verheiraten."

„Werden sie nicht. Allah hat dem Dede und Eser Zeichen gegeben."

„Außerdem – ich und Restaurant, was die sich eigentlich denken."

Perihan und Restaurant, denkt Gülten. Das ist genauso unmöglich, wo Perihan doch Englischlehrerin werden will. Ob sie wirklich die passende Frau für Erkan ist? Vielleicht sind Erkans Eltern auf den Gedanken mit Tülay aus Frankfurt gekommen, weil sie Perihan nicht als Schwiegertochter haben wollen. Und jetzt sieht es ganz danach aus, dass das Restaurant dem Untergang geweiht ist. Sie können ja eine Disco daraus machen. Und Erkan als DJ, der die *Stones* ansagt. Die Kinder heißen dann wahrscheinlich Mick, Keith, Ron und Charlie oder wie auch immer. Ganz so türkisch wie bisher wird es im Restaurant von Şekerdag jedenfalls nicht weitergehen. Am Ende verkaufen sie dort noch Hamburger und Hotdogs. Perihan ist es zuzutrauen.

„Jetzt bist du dran. Spuck dein Problem aus. Du hast auch eins."

Gülten hat keine Lust, die Sache mit Lingenfelder schon wieder zu erzählen. Und zu Erik – was gibt's da zu sagen? „Erik hat eine Tante. Sie lebt in einem Kloster und er möchte unbedingt, dass ich sie kennenlerne."

„Wow", sagt Tülay.

Das mit der Disco lässt Gülten lieber weg.

„Du bringst den Kater noch um mit deiner Raucherei! Und mich treibst du aus dem eigenen Haus", jammert Ana. „Die Gardinen sind schon wieder hellbraun. Oh Allah …"

Der Dede steckt die Zigarettenschachtel in die Tasche seines Kaftans und verlässt mit schleppenden Schritten die Küche. Schwerfällig tappt er die Treppe hoch.

„Gibt es denn keinen normalen Menschen in diesem Haus?", stöhnt Ana. „Womit hab ich das verdient? Außer mir nur Verrückte."

„Am Samstag gehen wir in die Disco, Eser, Erik und ich“, verkündet Gülten.

„Finde ich sehr gut“, sagt Ana schnell. „Auf den Tag, an dem du in die Disco gehst, habe ich gewartet. Bist du verliebt?“

Sie ist nicht verliebt, jedenfalls nicht in Erik. „Ach, Anne“, sagt sie. „Bei uns in der Schule gibt es doch gar keine richtigen Jungs. Die sind einfach nicht so wie Mesut. Von denen kommt keiner an ihn ran.“

„Spinnerin“, sagt Ana und küsst sie. „Mesut ist ein islamischer Hitzkopf. Vergiss ihn endlich. Für Mesut bist du viel zu westlich erzogen. Er ist dein Cousin, aber nicht mehr, auch wenn er dir ab und zu eine Mail schickt oder einen Brief. Also, das mit der Disco ist gut. Gülten, ich glaube, es gibt doch noch eine Chance, dass du ein normales siebzehnjähriges Mädchen wirst.“

Hast mal wieder nichts verstanden, Anne. Gülten verkneift sich den Satz.

16. Kapitel: Bei Erik

Das Haus gefällt Gülten sofort. Es ist eins von diesen Mehrfamilienhäusern, die um die Jahrhundertwende gebaut wurden, mit gelblichem Klinker und Sandsteinsockel. Auch die Fenster und die Haustür haben eine Umrandung aus Sandstein. Das Treppenhaus ist etwas düster, die Treppenstufen sind bedenklich ausgetreten. Die Wand hat einen mit grünlicher Ölfarbe gestrichenen Holzsockel. Darüber klebt eine altmodische Tapete mit Blümchenmuster. Auf den Treppenabsätzen stehen kleine gekachelte Tischchen mit Grünzeug in gewaltigen Übertöpfen.

Eser bleibt auf dem zweiten Treppenabsatz stehen. Gülten wartet schweigend auf ihn. Es ist besser, nichts zu sagen.

„Stell dir vor", sagt er, „jeden Mineralwasserkasten müssen sie diese elendige Treppe nach oben wuchten."

Das wird Erik und seinem Vater wohl kaum etwas ausmachen.

Erik steht in der Tür und strahlt sie an.

„So eine richtig dämliche deutsche Fresse", zischt Eser. In Wirklichkeit ärgert er sich über seine Krankheit und Eriks offenkundige Gesundheit. Eser hasst neuerdings alle sportlichen Typen. Egal ob sie blond oder dunkelhaarig sind.

„Salam, Pflaume", murmelt Gülten.

Eser begrüßt Erik mit einem Handschlag.

„Tag", sagt Erik. „Kommt rein."

Hinter ihm taucht aus dem Halbdunkel des Wohnungsflurs ein Mann auf, etwas kleiner als Erik, sonst aber eine ältere Kopie seines Sohnes. Erik stellt ihn als Friedhelm vor.

„Wenn ihr mal einen guten Therapeuten braucht", sagt er, „wendet euch an ihn. Er holt das Therapeutenmögliche aus euch raus."

Friedhelm sagt mit todernstem Gesicht, dass es ein Verstoß gegen das Grundgesetz der psychoanalytischen Behandlung wäre, persönliche Freunde oder Verwandte zu therapieren.

„So wie ein Chirurg seine Schwiegermutter nicht am Blinddarm operieren sollte?", fragt Eser.

„Gib dir keine Mühe. Friedhelm ist der humorloseste Mensch, den du dir vorstellen kannst", erklärt Erik. „Ich glaube, er hat die letzten fünf Jahre nicht mehr gelacht."

„Ich muss Tante Roswitha vom Bahnhof abholen", sagt Friedhelm.

„Beeil dich", sagt Erik. „Nimmst du Eser mit?"

Eser ist so verblüfft, dass er mit Friedhelm zusammen wieder nach unten geht.

Gülten hängt ihre Jacke an der Garderobe auf und zieht die Chucks von den Füßen.

„Komm mit", sagt Erik geheimnisvoll und führt sie in einen Raum direkt neben der Eingangstür. Gülten setzt sich auf das schwarze Ledersofa.

„Nimm die Decke. Auf dem Sofa frierst du sonst", sagt Erik.

Auf dem gläsernen Couchtisch vor ihr befinden sich eine Blechdose mit englischen Bonbons und eine Packung Kleenex-Tücher. Erik hat sich im Sessel gegenüber niedergelassen. Neben dem Sessel steht ein Ecktisch mit Zeitschriften. Sie heißen *Psychotherapie im Wandel* oder

Channeling und Rebirthing. Die Wohnung hat sehr hohe Wände und das allein gibt ihr etwas Feierliches, Wichtiges. Vor dem Fenster steht ein langer Schreibtisch mit PC, Faxgerät und Drucker.

„Rate, wo du bist", sagt Erik und grinst immer noch.

Gülten zuckt ratlos die Achseln.

„Du sitzt auf der Behandlungscouch meines Vaters. Dieser Raum hängt voller Sorgen und Nöte. Hier wird geschrien und getobt und still geweint."

„Kriegst du das alles mit?", will Gülten wissen.

„Lässt sich nicht ganz vermeiden", sagt Erik. „Wenn es vorbei ist, huschen die Leute mit gesenktem Kopf aus dem Zimmer und hoffen, dass sie vor dem Haus keiner erkennt. Den meisten Kunden meines Vaters ist es peinlich, dass sie hierher kommen."

Gülten wird es unbehaglich zumute.

Erik merkt es. „Komm, jetzt zeig ich dir unsere Wohnung", sagt er.

Gülten steht auf und geht mit Erik ins nächste Zimmer. Eine Art Essraum mit dunkel gebeizten, alt aussehenden Möbeln. Im Regal, das die eine Wand ganz ausfüllt, stehen Bücher über Psychologie und Psychotherapie. Auf einem Buchrücken liest Gülten *Die Sufis.* Daneben sind Titel über Buddhismus und Aromatherapie.

Eriks Zimmer liegt am Ende des Gangs. Die Wände sind weiß, kein Poster, kein Foto im ganzen Raum. Irgendwie hat sie sich Eriks Zimmer anders vorgestellt. Im Bücherregal stehen ein paar Bücher. Gülten tritt näher. Hermann Hesse, *Siddharta* und *Der Steppenwolf.* Ein dicker Wälzer *Große Heilige* und mehrere Bücher über Hildegard von Bingen. Ein türkisches Wörterbuch. Eine deutsche Ausgabe des Korans. Erik interessiert sich wirklich nicht für Musik. Offensichtlich hat er nicht mal eine Musikanlage. Und ordentlich scheint er zu sein. Gülten weiß nicht, wie sie das finden soll.

Über dem Bett ist eine Decke ausgebreitet. Vor dem aufgeräumten altertümlichen Schreibtisch befindet sich ein Sitzball.

„Hast du alle deine Sachen versteckt?", fragt Gülten.

„Welche Sachen?"

„So stelle ich mir die Zelle eines Mönchs vor."

„Man kann besser denken, wenn die Wände weiß sind. Man wird durch nichts abgelenkt."

„Hörst du manchmal Musik?" Gülten stellt Esers Standardfrage.

„Kein Bedarf", sagt Erik. „Friedhelm und Christina lassen sich abends gern mit Klassik beschallen. Hört man durch die ganze Wohnung. Das reicht für mich mit."

„Wozu brauchst du ein türkisches Wörterbuch?"

Erik, der immer coole Erik, wird rot, als sei er bei etwas ertappt worden.

„Ich lerne Türkisch", sagt er schließlich.

„Das solltest du nicht tun."

„Warum nicht?"

„Es ist zu schwer für dich. Deutsche haben Schwierigkeiten mit Türkisch. Die Grammatik ist anders. Einige Sachen kann man überhaupt nicht lernen, man muss diese Sprache schon als Kind gehört haben. Mein Vater hat auch mal angefangen. Aber er kann nur ein paar Sätze und nicht mal die kriegt er richtig hin."

„Man kann alles lernen, wenn man will. Wenn man einen Grund hat, Türkisch zu lernen, lernt man es auch."

Nein, ich frage ihn nicht, welchen Grund er hat, denkt Gülten. Sie will das Thema wechseln. „Und wo ist eigentlich deine Mutter?", platzt es aus ihr heraus.

Erik hockt sich auf den Sitzball und Gülten lässt sich auf dem Boden nieder.

„Wo meine Mutter ist?" Eriks Gesicht ist leer.

Gülten begreift sofort, dass die Frage taktlos war.

„Meine Mutter gibt's nicht mehr."

„Willst du damit sagen, dass sie tot ist?", fragt Gülten fast flüsternd.

„Schlimmer", sagt Erik. So wie jetzt hat er noch nie ausgesehen. Sekundenlang wünscht sie sich, sie hätte die bescheuerte Frage nie gestellt.

„Na ja", sagt Erik. „Es gab ja Tante Roswitha, Friedhelms Schwester. Sie hat sich wirklich sehr um mich gekümmert. Wenn jemand dich richtig gern hat, das merkst du irgendwie, selbst wenn man sich nur ein paarmal im Jahr sieht. Und wenn es echt ist, vergisst du es nie und freust dich monatelang darüber. Tante Roswitha ist eine unglaubliche Frau. Ganz anders als die belanglosen Freundinnen meines Vaters. Fast jedes halbe Jahr kommt er mit einer anderen. Du kannst sie schon am ersten Tag vergessen. Ich weiß es, aber er weiß es nicht …"

Gülten merkt, dass er von seiner Tante und den Freundinnen erzählt, um nicht von seiner Mutter reden zu müssen.

„Und wie war es für dich, dass sie so katholisch ist?", fragt sie.

„Also, es war so", beginnt Erik. „Eines Abends, als sie noch nicht im Kloster war, brachte sie mich ins Bett und sagte: ‚Und jetzt wollen wir beten.' – ‚Ja, mach mal', hab ich geantwortet. – ‚Das Vaterunser, Erik.' – ‚Das was?' – ‚Das Vaterunser.' Ich hab nichts gesagt und nur dumm geguckt. Sie hat sich fürchterlich aufgeregt. ‚Der Junge weiß nicht, was das Vaterunser ist. Fünf Jahre alt und hat es noch nicht gelernt.' Aber es kam noch schlimmer. Ich konnte kein Kreuzzeichen. Gleich am selben Abend hat sie meinen Vater ausgeschimpft. Seitdem kann ich das Kreuzzeichen und das Vaterunser … Wenn sie nachher kommt, lach bitte nicht über sie. Sie ist nicht wie mein Vater. Sie ist ziemlich rückständig. Sie lebt nicht in der Welt, sondern in einem Kloster …"

„Sie hat ihren Glauben, ich den meinen. Ich werde bestimmt nicht über sie lachen."

„Komm, gehen wir in die Küche. Ich muss noch ein bisschen was vorbereiten", sagt Erik und springt auf.

Denkt wahrscheinlich, wenn wir in die Küche gehen, bleibt die Frage nach seiner Mutter in dem kahlen, weißen, aufgeräumten Zimmer zurück, geht es Gülten durch den Kopf.

Gülten hört ihm gerne zu. Sie sitzt auf einem der Stühle um den alten Holztisch. Durch das einzige Fenster fällt etwas zu wenig Licht, um den Raum vollständig zu erhellen. Linker Hand sind ein paar Einbauschränke an der Wand mit den üblichen Elektrogeräten. Rechts steht ein alter Küchenschrank. Obendrauf befinden sich gelblich glasierte Milchtöpfe, die mit Kreisen und Tupfen bemalt sind.

„Kann ich dir helfen?"

„Hier kochen die Männer", sagt Erik und wirft den Pizzateig in hohem Bogen auf die Arbeitsfläche wie in einer richtigen Pizzeria. „Notgedrungen. Christina Weeke“, setzt er leiser hinzu, „ist eine Schlampe. Sie säuft und ist faul.“

„Wer ist Christina Weeke?“, fragt Gülten vorsichtig.

„Die aktuelle Freundin meines Vaters. Sie kommt immer zu spät und vergisst alles.“

Gülten wagt nicht nachzufragen, was Christina Weeke sonst noch macht, welchem Beruf sie nachgeht, wie alt sie ist und wo sie wohnt. Wahrscheinlich liegt sie den ganzen Tag bei laufendem Fernseher auf dem Bett, greift ab und an nach der Flasche und starrt die Decke an.

„Hoffen wir mal, dass sie nicht kommt“, sagt Erik.

„Man soll niemanden hassen“, sagt Gülten behutsam.

„Christina Weeke muss man hassen.“ Er bückt sich und holt das Backblech aus dem Herd.

„Erst Suppe, dann Pizza. Hinterher Obstsalat. Wie findest du das?“

„Hmmm“, sagt Gülten.

„Leberpizza“, sagt Erik stolz.

„Pizza mit was?“

„Mit Leber. Die Spezialität des Hauses.“

„Und wenn du eine Ecke mit etwas anderem belegst? Vegetarisch?“

„Wir haben noch eine Dose Thunfisch“, bietet Erik an.

Wenig später sind sie bei der Arbeit. Jeder hat eine Schürze umgebunden. Erik rollt den Teig aus und bestreicht ihn mit Tomatensoße. Gülten brutzelt die Rinderleber in der Pfanne an.

Als Erik die Dosen mit der Hühnersuppe öffnet, kommen die anderen zurück, Friedhelm, Eser und eine Nonne in schwarzem Gewand mit schwarzem Schleier. Um den Hals trägt sie eine gedrehte Kordel mit einer Art Abzeichen daran: ein rotes Kreuz auf weißem Grund, die Dornenkrone, drei Nägel und die Buchstaben INRI. Erik fällt Tante Roswitha um den Hals und küsst sie.

„Das ist Gülten Raab aus meiner Jahrgangsstufe", sagt er dann fast verlegen. „Gülten ist Muslima."

„Ich habe es mir schon gedacht, wegen des Kopftuchs, das Sie tragen", sagt Tante Roswitha. Sie schüttelt Gülten die Hand und strahlt sie an.

Friedhelm macht sich am Tisch zu schaffen, Eser hilft. Gülten überlegt, was die Tante wohl von Eser denkt mit seinen beiden Piercings und den gefärbten Haarsträhnen.

Die Tante schaut in den Kühlschrank. „Ah, Friedhelm hat Fleischwurstsalat gemacht. Darauf freue ich mich das ganze Jahr."

„Der Fleischwurstsalat ist die Spezialität unserer Familie", erklärt Erik. „Beinahe die einzige."

„Du hast den Punsch vergessen", bemerkt die Tante.

„Den gibt es nur an Silvester", antwortet Erik.

„Hast du deine Mama besucht? Geht es ihr gut?"

Gülten zuckt zusammen. Tante Roswitha muss doch wissen, dass sie Erik damit wehtut, oder?

„Du warst sicher bei ihr."

„Nein", murmelt Erik und sieht jämmerlich aus. „Ich kann nicht."

„Erik", Tante Roswithas Stimme wird mahnend. „Ich habe dir im letzten Jahr gesagt, dass du sie ab und zu besuchen musst."

„Lassen wir das Thema", winkt Erik ab. „Heute will ich nicht darüber sprechen. Wir werden nicht lange zusammen sein, nachher gehen wir nämlich ins *Gold*."

Komisch, Tante Roswitha scheint sofort zu wissen, was es mit dem *Gold* auf sich hat. „Gülten mit ihrem Kopftuch geht sicher nicht mit", meint sie.

„Ich denke schon, dass sie mitkommt", sagt Erik.

„Das ist doch eher etwas für dich und deinen Freund mit den Tattoos und den Piercings."

Sie weiß also auch über Tattoos und Piercings Bescheid.

17. Kapitel: Tante Roswitha trifft Dschelaladdin

Eine Weile später sitzen sie am Tisch, unschlüssig, weil Christina Weeke noch nicht da ist.

„Fangen wir doch einfach an, ehe die Suppe verkocht ist. Ich meine, man kann sie gar nicht verkochen, es ist eine aus der Dose, aber trotzdem", sagt Friedhelm.

Erik trägt die Terrine mit der Suppe herein und setzt sich wieder auf den Stuhl neben Gülten.

„Komm, Herr Jesus, sei unser Gast und segne, was du uns bescheret hast. Amen", betet Tante Roswitha, während alle anderen schweigen.

„Erzähl uns ein bisschen von deinem Leben im Orden", bittet Friedhelm. „Gülten Raab ist praktizierende Muslima – sagt man so? – und muss sich gegenüber ihren Lehrern und dem Schuldirektor behaupten. Einige von denen finden das Kopftuch nicht gut."

„Ja, es ist nicht leicht", sagt Tante Roswitha. „Auch die Nachfolge Christi ist nicht immer einfach. Sie kann nur mit dem allergrößten Einsatz verwirklicht werden." Dabei sieht sie Gülten an. Ihr Blick ist offen und freundlich.

Sie löffeln schweigend weiter.

„Bei der Nachfolge Christi, unter der Leitung des Heiligen Geistes, geht es darum, sich Gott gänzlich hinzugeben. Und zu seiner Verherrlichung, zum Aufbau der Kirche und auch für das Heil der Welt gehen wir eine neue und besondere Bindung ein, um zur vollkommenen Liebe zu gelangen, ja, um der Welt die himmlische Herrlichkeit anzukündigen."

„So ähnlich sagen es die islamischen Mystiker auch", stellt Gülten fest. „Sie sagen es fast mit denselben Worten."

„Ich kenne die islamischen Mystiker nur durch Meister Eckhart* und den heiligen Johannes vom Kreuz. Meister Eckhart, glaube ich, hat das Bild von der Schale und dem Kern von einem gewissen Ibn al Arabi übernommen. Die islamischen Mystiker waren recht gut mit den christlichen Lehren vertraut. Sehr beeindruckt hat mich dieser eine mit dem unaussprechlichen Namen …" Tante Roswitha sieht Hilfe suchend in die Runde. „Mevlana Jelladdin, so ähnlich hieß er …"

„Sie meinen Dschelaladdin Rumi. Sein Name wird unterschiedlich geschrieben", sagt Gülten.

„Genau den. Er hat das Jesusgleichnis formuliert. Ihr kennt es sicher alle."

Natürlich kennt es keiner.

Es klingelt. Friedhelm Bauer springt auf und rennt zur Tür.

„Das ist Christina Weeke", sagt Erik. „Wie ich gesagt habe: viel zu spät und wahrscheinlich nicht mehr nüchtern."

Eser sieht erstaunt aus. Dass Erik so respektlos über die Freundin seines Vaters redet, versteht er nicht.

„Entschuldigt bitte. Ich wollte Erik eigentlich bei den Abendessensvorbereitungen helfen, aber ich hatte noch ein paar Studenten in meiner Sprechstunde …" Christina Weeke ist Anfang dreißig, schätzt Gülten, trägt Jeans, Lackschuhe, eine weiße Bluse und eine schwarze Jacke. Nichts an ihr ist schlampig, nichts an ihr deutet auf eine Alkoholikerin hin. Da sieht Klaus schon nachlässiger aus, denkt Gülten. Aber der berät schließlich auch keine Studenten, sondern muss sich bei jedem Wetter unter verbeulte Taxis legen und sie wieder straßenfein machen.

„Samstags Sprechstunde?“, fragt Gülten irritiert.

„Meine Sprechstunde ist samstags“, versetzt Christina unwirsch. „Hat den Vorteil, dass nicht so viele Studenten kommen.“

Die Frau ist vielleicht etwas unfreundlich, aber ansonsten völlig normal, soweit das von außen zu beurteilen ist. Was ist nur los mit Erik, dass er solche Geschichten erzählt, fragt sich Gülten.

„Sie wollten uns das Jesusgleichnis erklären.“ Gülten sieht Tante Roswitha an. Irgendwie hat sie Angst, dass das Gespräch jetzt zu völlig anderen Themen wechselt.

„Unser Leib ist wie der von Maria. Jeder von uns trägt einen Jesus in sich, aber wenn sich in uns kein Schmerz zeigt, wird unser Jesus nicht geboren. Ohne Schmerz geht Jesus zu seinem Ursprung zurück, auf demselben geheimen Weg, auf dem er gekommen ist, und wir bleiben beraubt und ohne Anteil an ihm zurück.“

„Dschelaladdin Rumi!“, ruft Christina Weeke. „Schmerz ist notwendig für die Entwicklung.“

Gülten wirft einen fragenden Blick zu Erik hinüber.

„Christina hat ein Buch über Dschelaladdin geschrieben“, sagt er. „Sie weiß so ziemlich alles über ihn.“

Gülten ist fassungslos. Das hätte er ihr doch sagen müssen! Stattdessen erzählt er miese Sachen über Christina. Erik, was bist du eigentlich für einer? Da zeigst du mir dauernd, dass du mich magst, hast aber lauter Geheimnisse vor mir. Einmal das mit deiner Mutter. Und dann Christina Weeke. Mevgili Mesut, Eriks Geheimnisse sollten mich kaltlassen, das meinst du doch sicher auch.

„Ja, so hat dieser islamische Mystiker das Gleichnis vom Schmerz in der Seele jedes Menschen mit der Geburt

Jesu in der Seele verglichen. Ein halbes Jahrhundert später hat es Meister Eckhart erneut mit fast den gleichen Worten formuliert." Tante Roswitha lächelt in sich hinein.

„Der Schmerz, den Dschelaladdin erlitten hat, war der Verlust seines Freundes Schamseddin", erklärt Gülten. „Aber dieser Schmerz hat ihn Gott nähergebracht."

„Als du letztes Jahr an Friedhelms Geburtstag hier warst, war ich leider nicht dabei", wendet sich Christina Weeke an Tante Roswitha. „Aber Friedhelm hat mir davon erzählt, wie es kam, dass du Ordensschwester geworden bist."

„Es war ein langer Weg. Roswitha hat mehrere Anläufe genommen", beginnt Friedhelm. „Sie fing an davon zu reden, als sie so alt wie Gülten war. Sechzehn oder siebzehn …"

„Ach, Gott", sagt Tante Roswitha. „Wenn ich daran denke. Ich ging zu unserem Pfarrer und vertraute mich ihm an."

„War er es, der dich zu den Franziskanerinnen geschickt hat?", fragt Erik.

Tante Roswitha lacht in sich hinein und kann nicht gleich antworten. „Er hat mir dringend vom Klosterleben abgeraten. Ich solle lieber heiraten und Kinder bekommen. Ihr wisst ja, ich habe dann erst meine Ausbildung abgeschlossen und eine Zeit lang an einer Schule unterrichtet, aber der Wunsch von damals wurde immer stärker. Alle meine Freundinnen heirateten – und ich, ich dachte nur ans Kloster." Sie lächelt.

„Ihrem ersten Freund hat Roswitha ernsthaft gesagt, dass die Kirche und die Zukunft in einem Orden wichtiger für sie seien als er", berichtet Friedhelm.

„Wir hatten eine Motorradfahrt zusammen gemacht. Als wir uns verabschiedeten, küsste er mich. Da musste ich es ihm sagen."

Gülten sieht sie an und denkt, dass diese Frau ihren Traum wahr gemacht hat. Es gibt Menschen, die sich von dem abbringen lassen, was sie in jungen Jahren vorhatten. Solche Leute werden dann unzufrieden und jammern über ihre verpassten Chancen. Gülten hat immer ihre Mutter bewundert, die gegen den Willen ihrer türkischen Eltern Klaus Raab geheiratet hat.

„Zuerst wollte ich bei den Benediktinerinnen eintreten, in einen kontemplativen Orden. Aber schon in der Probezeit habe ich gemerkt, dass ich mit der Einsamkeit nicht zurechtkam. Benediktinerinnen dürfen ihre Familien nicht so frei besuchen wie wir. Sie verlassen ihr Ordenshaus höchstens dann, wenn ein Familienmitglied im Sterben liegt oder beerdigt wird. Das wäre für mich nicht durchzuhalten gewesen. Schon wegen Erik. Deshalb habe ich mich für einen tätigen Orden entschieden."

„Hast du es je bereut?", fragt Friedhelm.

„Es ist vermutlich so, wie wenn man verheiratet ist und manchmal überlegt, ob man weitermachen soll. Soviel ich weiß, gab es in deinem Leben auch so einen Punkt …"

„Na ja, jedenfalls habe ich nicht weitergemacht", sagt Friedhelm Bauer. „Es ging einfach nicht." Er grinst verlegen.

„Mich hat keiner gefragt", sagt Erik, „ich war ja nur ein Kind."

Für ein paar Momente tut er Gülten Leid. Es muss schlimm für ihn sein, dass seine Eltern sich getrennt haben und er ohne Mutter leben muss.

Tante Roswitha erzählt, dass man in ihrem Orden nicht gezwungen sei, einen neuen Namen anzunehmen. Anfangs habe sie mit dem Gedanken an einen neuen Namen gespielt, dann aber davon Abstand genommen.

„Ich glaube auch nicht, dass die Namensänderung etwas Gutes ist", wendet Friedhelm ein. „Spätestens seit Freud wissen wir doch: Wir können unsere Vergangenheit leugnen, aber los sind wir sie damit nicht."

„Eine Namensänderung käme für mich nicht in Frage", pflichtet Christina Weeke ihm bei. „Jetzt, wo mich die Studenten und meine Freunde kennen, heiraten und mit einem anderen Namen vor ihnen stehen? Nie."

„Nur mal ein Denkspiel", sagt Erik. „Gesetzt den Fall, ich würde zum Islam übertreten, dann würde ich wohl auch einen muslimischen Namen bekommen – vielleicht Abdullah oder Ömer."

Gülten ist verwirrt. Soll das jetzt ein Witz sein?

„Ja, das wäre bestimmt so", sagt Christina ungerührt. „Ich kenne einen Deutschen, der Muslim geworden ist und seitdem einen muslimischen Vornamen hat. Vorher hieß er Max, jetzt heißt er Beshir, ganz offiziell."

Erik erzählt, dass Gülten und er bei Dr. Molitor Erfolg gehabt haben mit ihrem Vorschlag, Referate über die Einflüsse von persischsprachigen Dichtern auf Goethe und andere deutsche Dichter zu halten.

„Das wird Arbeit", sagt Christina trocken. „Da gibt es nämlich sehr weit gehende Einflüsse. Goethe kannte seinen Hafis* und seinen Dschelaladdin recht genau."

„Oh Gott, wir haben den Kuchen vergessen", stöhnt Friedhelm. „Ich muss noch mal rüber zur Tankstelle und welchen besorgen. Seid mir nicht böse, in zehn Minuten bin ich wieder da."

Mevgili Mesut, das hier ist so ziemlich das Gegenteil von türkischer Gastlichkeit, aber irgendwie hat ein solches Chaos auch seinen Reiz.

„Was für Vorlesungen halten Sie denn an der Universität?", fragt Gülten.

„Es sind keine Vorlesungen. So weit bin ich noch nicht. Es ist ein Proseminar über Modernisierungen und Reformen im Islam."

Christina ist offenbar Islamwissenschaftlerin, und Erik hat davon nie ein Wort gesagt. Oder liegt es daran, dass sie nie nachgefragt hat? Schließlich wusste sie, dass er in Konya am Grab Dschelaladdins war.

„Und was ist ein Proseminar?"

„Der Leiter oder die Leiterin verteilt eine Literaturliste und Themenvorschläge an die Studenten. Jede Woche wird dann ein Referat gehalten und zum Schluss sind hoffentlich alle ein bisschen klüger als vorher."

„Ich finde es toll, dass man an der Universität den Islam studieren kann", sagt Gülten. Am liebsten würde sie fragen, ob sie auch mal kommen kann. Aber wahrscheinlich geht das nicht, weil sie noch Schülerin ist.

„Es gibt verschiedene Studiengänge. Man kann Orientalistik studieren oder Islamwissenschaften, man kann sich auch auf die Geschichte einzelner Länder spezialisieren, je nach Interessenlage."

Erik und Eser tragen das Geschirr in die Küche und Gülten sitzt Christina Weeke und Tante Roswitha gegenüber. Gülten überlegt, ob Eser und Erik nicht besser allein in die Disco gehen sollten.

„Die Geburtstage bei Friedhelm sind immer interessant. Ich freue mich das ganze Jahr auf diesen Tag“, sagt Tante Roswitha.

„Von den Reformen im Islam habe ich bis jetzt kaum etwas gehört“, setzt Gülten an. „Es ist bestimmt ein aufregendes Thema.“

„Ist es auch.“ Christina steckt sich eine Zigarette an. „Das stört euch doch nicht, oder?“

Nein, Gülten ist es ja vom Dede gewöhnt. Sie lehnt sich behaglich zurück. Jetzt fehlt nur noch der Tee. Tante Roswitha lächelt. Sie scheint schon vorher beschlossen zu haben, alles gut zu finden, was ihr heute geboten wird. Nicht einmal zu Eriks Idee, er könnte Muslim werden, hat sie einen kritischen Einwand gebracht.

„Machst du einen Tee für uns, Erik?“, ruft Christina Weeke zur Küche hinüber. „Für mich bitte einen Sherry, wenn ihr welchen habt.“

Als Erik mit der angebrochenen Sherryflasche und dem Gläschen kommt, zwinkert er Gülten zu. „Der Tee zieht noch. Du möchtest ihn sicher stark haben.“

Gülten sieht ihn überrascht an.

„Du sollst dich hier wohlfühlen“, sagt Erik.

„Danke.“

„Bei euch damals an Weihnachten war es jedenfalls ganz toll. Nicht nur wegen der Sultansmeze …“ Er bricht ab und Gülten versteht, was er meint. Es gibt ein Sprichwort, das der Dede oft benutzt: Eine Tasse Kaffee vergisst man vierzig Jahre lang nicht.

Friedhelm ist zurück und pellt den Streuselkuchen und kleine Cremetörtchen aus der Verpackung. Eser bringt den Tee und Becher.

„Hast du schon einmal von Afghani gehört?", fragt Christina Gülten.

Nein, von ihm hat der Dede noch nicht gesprochen.

„Im 19. Jahrhundert unternahmen die Franzosen und die Engländer militärische Vorstöße in Länder, die schon seit langer Zeit von Muslimen besiedelt waren. Napoleon war durch Ägypten gezogen. 1830 machten die Franzosen Algerien zur Kolonie, 1881 besetzten sie Tunesien, 1882 kam Ägypten unter britische Schutzherrschaft. Russland und Österreich drangen auf den Balkan vor und zwangen die Türken, ihre Provinzen mit christlichen Einwohnern aus der osmanischen Oberherrschaft zu entlassen. Viele Muslime fürchteten, dass jetzt die Vorherrschaft der ‚Ungläubigen' begonnen habe. Die meisten Korangelehrten warnten vor den fremden Einflüssen. Der ursprüngliche Islam sei im Laufe der Jahrhunderte verfälscht worden. Es gab nur wenige, die widersprachen. Afghani gehörte zu ihnen. Er wurde um 1840 in Persien geboren und verbrachte die meiste Zeit seines Lebens auf Wanderschaft und im Exil: in Istanbul, Kairo, London, Paris und anderswo. Dort setzte er sich mit der westlichen Kultur auseinander. Afghani bemängelte, dass der Islam noch keinen Martin Luther und keine Reformation hervorgebracht hatte, wie es im christlichen Abendland geschehen war."

„Und dieser Martin Luther des Islam wollte Afghani sein?"

„Ja, Gülten, so ungefähr waren seine Überlegungen. Die Reformation hatte den Christen die Trennung von Staat und Kirche gebracht. Afghani erkannte, dass in der islamischen Welt diese Trennung nie erfolgt war."

Gülten muss an das Foto bei ihnen im Flur denken. „In der Türkei hat Kemal Atatürk diese Trennung vollzogen. In unserem Jahrhundert."

„Ein Schüler von Mohammed Abdu, einem Freund Afghanis, forderte 1899 in Kairo die Emanzipation der Frau", fährt Christina fort. „Die Frauen dürften nicht weiterhin stumme Dienerinnen bleiben. Harem und Schleier seien mit dem wahren Geist des Islam nicht zu vereinbaren. Die Frauen des Propheten Mohammed waren jedenfalls keine schweigsamen Dienerinnen." Christina lächelt. „Mir gefällt Khadidscha besonders."

„Khadidscha?", fragt Erik.

„Sie war Mohammeds erste Frau. Eine verwitwete Geschäftsfrau, so um die vierzig, Mutter mehrerer Kinder, die auf den jungen Mitarbeiter aufmerksam wurde, der für ihre Kamelkarawane zuständig war. Sie trug ihm die Ehe an, sie hatten Kinder miteinander und Mohammed liebte sie so sehr, dass noch Jahrzehnte später seine junge Frau Aisha* eifersüchtig auf sie war, obwohl Khadidscha längst verstorben war. Als Mohammed seine ersten Visionen in der Höhle Hira hatte, bei denen ihm der Koran offenbart wurde, war es Khadidscha, die ihm Mut machte, zu ihnen zu stehen. Sie tröstete und bestärkte ihn."

„Und wie ging er mit seinen Töchtern um?", fragt Friedhelm und greift nach dem letzten Cremetörtchen. „Hatte er überhaupt welche?"

Christina denkt überhaupt nicht an Essen. „Der Prophet hatte vier Töchter. Drei davon starben zu seinen Lebzeiten. Nur Fatima überlebte ihn. Sie war mit Ali, dem Vetter Mohammeds, verheiratet und hatte zwei Söhne,

Hassan und Hussein, die der Prophet zärtlich liebte. Im Koran, in Sure 81, wird ausdrücklich gesagt, dass neugeborene weibliche Babys nicht mehr lebendig begraben werden dürfen. Bis zur Zeit Mohammeds war das oft geschehen. Und in einem Hadith hören wir den Propheten eine Mutter loben, die ihre zwei Töchter genauso respektvoll und liebevoll behandelt, wie man es sonst mit den Söhnen tat."

Gülten könnte Christina stundenlang zuhören.

Zum Abendessen gibt es wie angekündigt den Fleischwurstsalat und Brot dazu. Gülten hat gehofft, dass es noch etwas anderes gibt.

„Schmeckt er dir nicht?", fragt Erik. „Es ist ein ganz altes Rezept. Den hat es schon bei Papas Erstkommunion gegeben, stimmt's?"

Friedhelm bestätigt es zwischen zwei Gabeln voll Salat.

„Du hast ein Problem mit dem Schweinefleisch, nicht wahr?" Christina blickt auf Gültens Teller, auf dessen Rand sich aussortierte Fleischstückchen stapeln.

Gülten sieht sie nur verzweifelt an. Schweinefleisch in jeder Form bringt sie nicht herunter, so wie der Dede, dem davon schlecht wird.

„Ihr hättet noch etwas mit Hühnerfleisch machen sollen oder mit Putenwurst", sagt Christina vorwurfsvoll.

Eser drängt zum Aufbruch. „Wir müssen los. The one and only Nadine wartet schon auf uns im *Gold*."

18. Kapitel: Das *Gold*

Vom *Gold* träumen alle. Die, die hingehen, und die, die nicht hingehen. Das *Gold* ist ein Ziel. Einfach dasitzen und eine Cola trinken, das ist schon genug. Natürlich gibt es eine Menge anderer Discos im Frankfurter Raum, aber das *Gold* ist einmalig.

„Kann es sein, dass du mich nicht magst?", fragt Erik.

Gülten sieht hinüber zu Nadine und Eser. Im Flackern des Laserlichts merkt man nichts mehr von Esers Krankheit. Er tanzt wie die anderen, er bleibt im Rhythmus. Nadine und Eser passen gut zueinander. Ungefähr so wie sie und Mesut.

Mesut, es wäre wunderbar, dieses eine Mal im *Gold* mit dir zusammen zu sein.

„Hat's dir heute nicht bei uns gefallen?", fragt Erik.

„Es war toll. Das Essen und deine Tante Roswitha. Und Christina …"

Wie er den Tee für sie gekocht hat, das war das Beste, aber das kann sie nicht sagen. Als er den Tee gemacht hat, eigentlich nur für sie und genau so, wie sie ihn mag, da war er plötzlich mehr als sonst.

Mesut, das Leben ist schwierig.

„Komm, wir tanzen."

Sie erschrickt.

„Du musst mich ja nicht anfassen", sagt er.

„Ich will nicht. Ich sehe lieber zu."

„Du hast es aber versprochen."

Ja, das ist wahr, Mesut, ich habe es versprochen. Eser habe ich es versprochen, nicht Erik. Auch ein muslimisches Mädchen muss manchmal tanzen, weil – Gülten hält inne. Im Rhythmus der Musik spürt man sich selbst. Die Musik macht einen lebendiger und hellwach. Manchmal ist einem einfach danach zu tanzen. Wenn man tanzt, kann man es bis zur Vereinigung mit Allah bringen, hat der Dede erklärt.

Eines Tages vor den Werkstätten der Goldschmiede, im geschäftigen Gehämmer, zog Dschelaladdin Rumi den Schmied Salaheddin mit sich im Tanz und entflammte in Liebe zu ihm. Es war der Moment, in dem er den Schmerz um Schamseddin nicht mehr spürte.

Sie geht hinter Erik her auf die Tanzfläche, hinein in die gleißenden Laserstrahlen, und vergisst die anderen und denkt nicht mehr an Erik, während sie sich zur Musik bewegt.

Das Gehämmer und der Techno-Sound gehen ineinander über. Mesut, es gibt nur dich. Mesut, nur du bedeutest etwas für mich. Du und Ulumur, ihr seid alles, was ich will. Erik, du siehst ziemlich gut aus, aber auch so durch und durch deutsch. Es gibt Deutsche, die besonders deutsch sind, und einer von denen bist du. Dass du unbedingt Türkisch lernen willst, passt dazu. Man tanzt hier für sich, den anderen im Blick, ohne ihn zu berühren. Es ist nicht das, was es zwischen Dschelaladdin und Salaheddin war. Erik, es gibt eine Menge Sachen an dir, die gut sind. Erik, ich bin in Mesut verliebt, das ist so klar wie nur etwas. Ich kann Tag und Nacht nur an Mesut denken. Ulumur, Mesut und Tante Nurcans Haus sind ganz nahe. Wenn ich die Augen schließe, bin ich schon da. Abends im Bett, wenn ich einschlafe und die Gedanken nicht mehr festhalten kann, öffne ich das Hoftor und stehe im Garten vor dem Haus, sehe hinüber zur Wintermoschee. Erik, für dich ist die Türkei ein Land, in das du mit dem Flugzeug fliegst, aber ich, ich bin schon da, hier mitten im *Gold* bin ich in Ulumur …

„Gülten, wo bist du? Hebst du ab?“, schreit Erik in das Hämmern der Goldschmiede hinein.

„In Ulumur!“, ruft Gülten und wirft die Haare zurück. Das Baschörtüsü ist ihr in den Nacken gerutscht und sie zieht es nicht wieder über das Haar.

Erik bleibt stehen.

Mesut, er versteht mich ziemlich gut. Bis zu einem bestimmten Punkt. Über diesen Punkt kann er aber nicht hinaus.

„Manchmal kommt es mir so vor, als wolltest du keinen in dich hineinsehen lassen“, sagt Erik.

„So machst du es doch auch.“ Wie war das noch mit deiner Mutter, über die du nicht reden willst?

Sie sehen sich freundlich an und beschließen, das Thema ruhen zu lassen.

„Heute Nacht siehst du besonders gut aus“, sagt Erik.

19. Kapitel: Die Zeiten ändern sich

Die Musik ist Gülten völlig fremd. Irgendwie Kirchenmusik, und das aus Esers Zimmer, der die Tür offen gelassen hat.

Orhan und Fadime sitzen bei Dede Ömer im Wohnzimmer auf der Couch. Ihre Gesichter sind sehr ernst.

Der Dede blinzelt Gülten zu. „Setz dich zu uns!", ruft er. „In der Küche steht noch Essen für dich." Kichererbsensuppe vermutlich, nach dem Duft von Kreuzkümmel zu schließen.

Gülten stellt die Schultasche unter der Garderobe ab. Aha, Nadine ist im Haus. Jedenfalls hängt ihr schwarzer Mantel da.

„Ich glaube, in Şekerdag ist manches anders geworden", sagt Orhan. „Am Ortsrand ist jetzt sogar eine Diskothek eröffnet worden. Vor zwanzig Jahren sind noch alle jungen Leute im Dorf zum Freitagsgebet gegangen. Der Tourismus hat sie verändert."

„Ich glaube nicht, dass es der Tourismus ist", entgegnet der Dede. „Şekerdag liegt doch ziemlich weit ab. Da will kein Tourist hin. Nicht mal Ruinen gibt es da."

„Es ist eine neue Zeit", wirft Fadime ein. „Die ganze Türkei ist eine einzige Baustelle. Alle haben Fernseher, Waschmaschinen, Handys und Internet. Die Mädchen wollen eine Ausbildung machen, studieren und wer weiß, was noch. Und die Jungen denken bloß noch ans Geld."

Orhan seufzt und schaut Gülten Hilfe suchend an. „Ich bin sonst ein Mensch, der nicht träumt. Aber in letzter Zeit habe ich zweimal von Tülay geträumt. Ich sah sie deutlich vor mir …"

Fadime hat Tränen in den Augen. Gülten ist gespannt, was jetzt kommt.

„Es muss ein Labor gewesen sein oder so etwas", sagt Orhan. „Tülay stand da in einem weißen Kittel und war die Chefin. Es war ein völlig klarer Fall. Zweimal habe ich das geträumt. Dabei träume ich sonst nie etwas Zusammenhängendes."

„Es ist Allah, der die Zeichen sendet", der Dede spricht feierlich. „Er sendet uns deutliche Zeichen. Denn der Mensch ist von sich aus nicht in der Lage, die Wahrheit zu finden und den richtigen Weg zu erkennen. Im Koran sprechen in der siebten Sure *Der Wall* die im Paradies Versammelten den Satz aus: *Das Lob sei Allah, der uns hierher geleitet hat! Nicht wären wir geleitet gewesen, hätte uns nicht Allah geleitet.*"

„Ich weiß, sie macht keine schlechten Sachen wie andere Mädchen in ihrer Schule", sagt Orhan mit einem gewissen Vaterstolz. „Sie ist eine gute Schülerin, und wenn Allah will, wird sie ein gutes Abitur machen."

„Irgendwann wird sich auch ein Mann finden, den sie heiraten will", setzt Fadime hinzu. „Aber jetzt ist es wahrscheinlich noch zu früh. Sie denkt noch nicht an die Männer, sie ist nicht wie die meisten Mädchen."

„Erkan ist nicht besonders religiös", sagt Orhan. „Er ist eigentlich mehr wie Eser. Es kommt mir auch nicht so vor, als ob er sehr fleißig wäre."

„In der Autowerkstatt bei Klaus hat er sich sehr ins Zeug gelegt", sagt Gülten. „Autos interessieren ihn und machen ihm Spaß."

„Rabia hat recht mit dem, was sie schon seit Wochen sagt. Tülay soll erst einmal die Schule fertig machen.

Hinterher werden wir sehen." Fadime sieht bei diesen Worten ganz zufrieden aus. Die Vorstellung von Tülay im weißen Kittel in einer verantwortlichen Position gefällt ihr.

Oh Allah, oh Mesut. Manche Dinge brauchen einfach Zeit. Tülay hat es geschafft. Sie muss Erkan nicht heiraten und keiner ist verärgert. Und Lingenfelder scheint sich allmählich mit meinem Kopftuch abzufinden. Oh Allah, ich bitte dich eindringlich, hilf Eser, wieder gesund zu werden. Mach bitte, dass die Medikamente wirken. Du kannst es.

Vor der Verabschiedung holen Orhan und Fadime mit höflichen Worten die Erlaubnis ein, gehen zu dürfen. Die Gäste werden bis zur Haustür begleitet und der Dede geht sogar noch ein Stück in Richtung Auto mit.

Dann steigt er bedächtig die kleine Eingangstreppe hoch, streift sich die Schuhe ab und lauscht interessiert nach oben.

Gülten seufzt. „Seit Eser sich mit Nadine angefreundet hat, hört er mit ihr solche Musik. Sie nennen es Gothic, aber es ist Satansmusik."

„Gehen wir in die Küche und machen die Tür zu. Dann hören wir es nicht mehr", schlägt der Dede vor.

20. Kapitel: Eser

„Lieber Pflaume“, sagt sie. „Schön, dass du mir zuhörst.“ Sie trinkt Früchtetee aus dem schönsten Becher des Hauses und lächelt Erik kurz zu. Nur der Computer stört mit seinem gleichförmigen Summen.

„So war das mit Yunus“, schließt Gülten und senkt den Blick, obwohl sie eigentlich die Reaktion in Eriks Augen beobachten möchte. Eine Frau starrt einen Mann nicht einfach so an.

„Ich werde alles von ihm oder über ihn lesen“, sagt Erik.

Da ist sie wieder, die Anmaßung, die Überheblichkeit, das, was Dede Ömer gemeint hat. Sie kommen und nehmen sich, was sie tragen können. Sie kaufen es mit ihrem Geld, die Teppiche, die Spitzendecken, die Kupferkannen. Erik will sich den ganzen Yunus und die Weisheit aller Sufis nehmen, einfach so, für fünfzig Euro oder auch für hundert, ungefähr so, wie er sich neue Markenklamotten kauft oder sich ein Surfbrett schenken lässt.

„Wo warst du so lange? Ich hab auf dich gewartet. Neun Uhr hattest du gesagt. Und jetzt haben wir halb elf.“

„Wieso bist du schon da? Warst du nicht bei deinen Volksliedleuten?“

„Mir war nicht danach“, sagt Ana.

Der Dede schläft schon. Sein Schnarchen ist im ganzen Haus zu hören.

„Magst du ihn, diesen Erik?“, fragt Ana und hat von ihrem Ärger schon wieder auf freundliche Neugier umgeschaltet.

„Absolut überhaupt nicht", sagt Gülten. „Da ist nichts."

Ana lacht kurz.

„Ich denke nur an Mesut."

„Ich habe dir gesagt, Mesut ist Unsinn … Na ja." Ana bricht ab und Gülten begreift, dass es ihrer Mutter heute Abend nicht um die Frage Erik oder Mesut geht.

Gülten will sich auf die Bank in der Frühstücksecke setzen und erdrückt dabei fast den armen Kaplan, der mit beleidigtem Aufquietschen aus der Küche flüchtet.

Ana zündet sich eine von Dede Ömers Zigaretten an, zieht den Rauch tief ein und murmelt leise vor sich hin. „Es geht Eser sehr schlecht", sagt sie. „Er kann nicht mehr auf die Schule gehen. Er …" Ana weint nicht. Sie raucht.

Gülten bringt kein Wort hervor. Ana redet und redet. Gülten wagt nicht zu fragen, wo Klaus ist. Oberarzt Becker und Professor Jäger hatten doch gesagt, es sei nur eine Frage der Zeit, oder? ‚Wir müssen einiges ausprobieren … Ihr Körper spricht vielleicht schon auf das erste Präparat an. Oder erst auf das dritte. Man kann es nicht vorhersagen. Bei einigen wenigen Patienten greifen die Medikamente nicht. Wir sind dabei zu erforschen, warum es so ist. Aber dieser Fall ist ganz unwahrscheinlich.' Und dann gebe es ja noch die Möglichkeit der Operation. Dass man die Thymusdrüse entferne, das Organ, das die Antikörper produziert.

„Man könnte ihn noch operieren", wagt Gülten sich zaghaft vor.

„Eser lässt sich nicht operieren, hat er gesagt."

„Warum nicht, wenn es eine Chance ist?"

Ana zuckt die Achseln. „Du kennst ihn. Er will nicht. Es ist kein harmloser Eingriff. Und man weiß nicht genau, was die Operation bringt. Aber so, wie es jetzt ist, sieht es ganz schlecht aus. Vor allem, weil Eser sich so hängen lässt. Er redet dauernd vom Sterben."

„Blickt Eser denn wirklich durch?"

Ana drückt die Zigarette aus. „Eser hat sich aufgegeben. Er hat keine Hoffnung mehr", sagt sie.

„Wie kommst du darauf?"

„Er hat gesagt, wir sollen losgehen und den Rollstuhl kaufen. Er schafft es nicht mehr. Er stolpert dauernd und sieht keinen Fortschritt."

„Und seine Blutwerte? Die Antikörper?", fragt Gülten.

„Schon besser als vor der Behandlung." Ana seufzt. „Aber es geht enorm langsam. Der Professor ist immer noch optimistisch und ich bin es auch. Eser hat diesen Kampf noch nicht verloren. Aber er dreht allmählich durch, weil er noch keine Wirkung sieht."

Ein paar Augenblicke schweigen sie beide. Der Kühlschrank schaltet sich ein. Die Wanduhr tickt.

„Hör zu, Gülten. Eser möchte mit dir und dem Dede in die Türkei. Das will er auf jeden Fall. Wenn ihr zurückkommt, will der Professor ihn in eine Testgruppe aufnehmen, an der ein ganz neues Medikament ausprobiert wird. Er soll das Zeug, das er bis jetzt genommen hat, aber konsequent weiternehmen, bei manchen Leuten wirkt es erst nach drei Monaten. Darauf wirst du ein Auge haben, ja? Eser nimmt die Sache nicht ernst genug. Meiner Meinung nach hat er zu früh aufgegeben."

Gülten kann kaum glauben, was sie da hört. „Eser will nach Ulumur?"

„Nicht in erster Linie", sagt Ana. „Er will die Städte an der Küste besichtigen und in die Berge fahren. Nach Pamukkale*, hat er gesagt. Ich finde es ziemlich verrückt, in dieser Jahreszeit nach Pamukkale zu fahren."

„Hat er nicht gesagt, dass wir den Rollstuhl besorgen sollen?" Gülten denkt kurz darüber nach, wie Eser es schaffen soll, mit seiner Behinderung in die Kalksteinbecken von Pamukkale zu klettern.

„Eser meint, es ist seine letzte Chance. Er will jetzt in die Türkei. Immerhin kann er derzeit noch laufen."

„Und die Schule?" Gülten weiß, dass es eine einfältige Frage ist. Eser ist todkrank, da ist die Schule nicht mehr wichtig.

„Lingenfelder wird dich beurlauben, damit du mitkannst. Ich habe mit ihm telefoniert, er war sehr verständnisvoll. Dieser Mann ist durch und durch sympathisch." Soll heißen: Erzähl mir bloß nichts mehr von irgendwelchen Baschörtüsü-Problemen.

„Und du – und Klaus?"

„Wir können hier nicht alles stehen und liegen lassen", sagt Ana unwirsch. „Urlaub geht nicht. Die brauchen mich auf der Station. Und Klaus muss in der Werkstatt bleiben. Wir haben Kredite abzubezahlen. Da kann man sich nicht einfach ausklinken ..."

Das mit dem Urlaub ist nicht wahr. Das Jahr hat ja erst angefangen. Ana will nicht mit, das ist der Grund. Gülten öffnet den Mund, schließt ihn aber wieder. Manchmal versteht sie diese Frau einfach nicht. Warum wird sie immer komisch, wenn es um Esers Krankheit geht, sie, die gelernte Krankenschwester? Das mit Klaus sieht sie auch nicht ein.

„Klaus hat doch jetzt Erkan. Wieso kann er sich da nicht freinehmen?"

„Erkan macht die Sache Spaß, aber er hat nicht viel Ahnung. Er stürzt sich in die Arbeit, das ist schon mal gut. Nur, es muss einer dabei sein …"

„Ich finde, Klaus könnte durchaus mitkommen, wenn er nur wollte …"

„Du weißt genau, dass er Riesenausgaben hat, weil die Benzintanks ausgebaut werden müssen. Wir brauchen jeden Euro. Überleg mal, wie wir dastehen, wenn dein Vater die Tankstelle schließen muss."

Es kommt immer alles gleichzeitig: drei schlechte Sachen in einer Woche oder zwei Wochen nur Gutes.

Allah, sag mir, wie ich es packen soll. Gülten sitzt erstarrt da, hat Hunger und möchte losheulen. Dabei wird sie doch nächste Woche zu Mesut fahren. Sie und Eser mit einem Rollstuhl, den sie noch nicht gekauft haben.

„Du schaffst das. Eser auch, schon deshalb, weil er unbedingt dorthin will. Und der Dede kommt mit", sagt Ana. „Er will euch begleiten."

„Und sein Herzasthma?" Er ist schon so alt. Wenn er sich aufregt, kann er sterben.

Ana scheint sich deswegen nicht zu beunruhigen. „Er nimmt seine Medikamente mit. Notfalls hat er das Spray, du weißt ja, wie man damit umgeht."

Ana greift noch einmal nach der zerdrückten Zigarettenschachtel des Dede und schiebt sie wieder zurück. „Ich werde bei Nurcan und Mesut anrufen", sagt sie. „Oder willst du?"

„Mach du lieber", antwortet Gülten schnell. Ihr Herz klopft heftig vor Freude. Oh Mesut, wie kann ich mich denn freuen, wenn es Eser so schlecht geht? Was bin ich für eine? Erst ganz verzweifelt und dann voller Freude, weil ich in die Türkei darf, nach Ulumur und Antalya und Pamukkale, als ob ich einen Trip durch die Türkei in einem Preisausschreiben gewonnen hätte. Ana soll bei euch anrufen. Durch ihren Krankenhausjob ist sie abgehärtet, sie muss wenigstens nicht heulen, wenn sie es euch erklärt.

21. Kapitel: *Hürriyet*

Sie muss es Erik sagen. Nicht am Telefon und nicht in der Schule. Er muss es wissen.

Gülten hat mit dem Dede alles beredet. Der Dede hat eine Zigarette nach der anderen geraucht, fast nichts gegessen und nur von Ulumur gesprochen und dass er Nurcan und Bekir anrufen wird.

„Warum denn Onkel Bekir?", hat Gülten gefragt.

„Ich habe ihn sehr gern. Er ist schließlich mein Schwiegersohn und Birhans und Mesuts Vater. Er soll mit Latife nach Pamukkale kommen."

Gülten hat das Gefühl, dass es dem Dede längst nicht nur um Eser geht. Er reist aus ganz persönlichen Gründen in die Türkei. Wahrscheinlich will er die zerstrittene Familie vor seinem Tod miteinander versöhnen.

Mesut, Mesut, Mesut. Irgendwie kann ich mich gar nicht richtig darauf freuen, dich wiederzusehen.

„Hat Ana schon drüben angerufen?"

„Heute Abend, wenn sie aus dem Krankenhaus kommt", sagt der Dede.

„Ich kann mich nicht freuen." Gülten zieht sich das Kopftuch vor dem Garderobenspiegel fest.

„Wo willst du hin?", fragt der Dede.

„Zu Erik."

Der Dede sieht irritiert aus, spricht aber nicht aus, was er wahrscheinlich denkt. Allein zu einem jungen Mann in die Wohnung?

„Er ist wirklich ein guter Freund für uns alle. Grüß ihn von mir", sagt er.

Sie steigt in den Bus. Es dauert eine Ewigkeit, bis er in Eriks Stadtteil hält. Sie hat nicht angerufen. Manchmal ist es das Beste, einfach vor der Tür zu stehen. Bei guten Freunden und Verwandten kann man das.

Erik ist verlegen, als er die Tür öffnet und sie sieht. „Lass die Schuhe an. Bei uns muss man sie nicht ausziehen."

Gülten hat sie schon neben die Fußmatte gestellt.

Erik ist allein zu Hause. Sie gehen in die Küche. Auf dem alten Tisch liegt das aufgeschlagene Mathebuch, Eriks speckiges Schlampermäppchen mit den tausend Sprüchen und daneben *Hürriyet*. Wie kommt er dazu, so zu tun, als könnte er eine türkische Zeitung lesen?

„Wer liest eigentlich *Hürriyet* bei euch?", fragt Gülten.

Er gibt keine Antwort, weil sie ohnehin klar ist.

„Du kannst sie unmöglich verstehen", sagt sie.

„Die Überschriften so ungefähr. Mit dem Wörterbuch. Du hattest recht: Türkisch ist für einen Deutschen sehr schwer. Soll ich einen Tee für dich kochen?"

Sie nickt. Erik macht sich in der Ecke vor dem Fenster zu schaffen.

Gülten ärgert sich über Eriks Türkischversuche. „Das bringt nichts. So richtig lernt man es sowieso nur in der Familie. Das hab ich dir von Anfang an gesagt. Du hast gedacht, es ist nur so ein Pipifax. Du ziehst es dir in ein paar Wochen rein, dann kannst du es besser als ich und Eser und Dede Ömer zusammen. Du bist ja so ein Überflieger. Türkisch, Yunus Emre, der Koran, der Hadith. Für dich ist das wie ein Surfkurs im Urlaub."

Er grinst schwach.

Sie lässt nicht locker. „Und weil es nichts ist als ein Surfkurs, wird auch nichts davon hängen bleiben. In zwei Jahren ist alles wieder weg. Dann sprichst du gerade noch so viel Türkisch, dass du dir einen Döner Kebab holen kannst."

„Woher willst du das so genau wissen? Kein Mensch kann in das Herz eines anderen hineinsehen."

So ähnlich steht es im Koran. Es reicht. Wahrscheinlich kennt er den inzwischen auch schon besser als sie und Dede Ömer. Egal, denkt Gülten, egal … „Darum geht es doch überhaupt nicht", setzt sie an. Dann sagt sie es ihm. Sie sagt es, wie Mesut oder ihr Vater es sagen würden. Sie verschweigt nicht, wie schlecht Esers Zustand ist. Sie kann es ihm sagen wie einem Fremden, hart und kalt. Es ist vermutlich die einzige Art, es überhaupt herauszubringen.

„Und jetzt hast du Angst, stimmt's?"

„Das mit der Notfallspritze hat Ana mir gezeigt. Es geht einfach. Irgendwo unter die Haut. Ana ist trotz allem optimistisch. Sie sagt …" Jetzt heult Gülten doch los.

„Sie blickt vielleicht am besten durch", sagt Erik.

„Sie sagt, die Antikörper in seinem Blut nehmen allmählich ab. Das Medikament wirkt also schon, auch wenn Eser nicht daran glaubt, und wenn es so weitergeht, wird er neunzig Jahre alt …"

„Ja und?", fragt Erik. „Warum weinst du denn dann?"

„Wegen Birhan kann ich es nicht richtig glauben. Ana sagt, bei Birhan sind ein paar Sachen schiefgelaufen. Er könnte noch leben, wenn er zum richtigen Zeitpunkt die richtige Behandlung bekommen hätte …"

„Aber bei Eser ist es anders. Zum Glück."

„Ich bin trotzdem aufgeregt." Gülten kämpft gegen die Tränen an. „Du wärst es auch an meiner Stelle."

„Gibt's eine Telefon- oder Faxnummer, unter der ich dich erreichen kann?"

Gülten schreibt ihm die Nummer von Tante Nurcan auf, obwohl es ihr irgendwie unangenehm ist. Dann fällt ihr noch das Restaurant von Nurgüls Familie ein. Sie schreibt die Adresse auf den Zettel.

„Die Faxnummer weiß ich nicht. Wenn es unbedingt sein muss, kannst du sie über die Auskunft herauskriegen." Es muss bestimmt nicht unbedingt sein. „Ich ruf dich zwischendurch vielleicht mal an. Meine Handynummer hast du ja ohnehin."

„Die kann ich auswendig", sagt er.

„Also. Das war's. Bestell Christina einen Gruß."

„Kann es sein, dass du diese Frau magst?"

„Ja", sagt sie. „Ich habe sie vom ersten Moment an gemocht."

„Egal." Er zuckt die Achseln. „Von mir aus. Dann werden wir uns also wochenlang nicht sehen." Mehr bringt er nicht heraus. Kein Wort zu Esers Krankheit. Ist sie eigentlich die Einzige, die sich ernsthafte Sorgen um Esers Zustand macht?

Ein paar Momente lang schweigen sie.

„Gülten", murmelt er. „Es tut mir so leid."

„Gott wird ihm helfen. Er allein …" Wenn sie bei Erik ist, sagt sie „Gott", nicht „Allah".

„Er schafft es", sagt Erik. „Du wirst sehen."

Dritter Teil

22. Kapitel: Orada

Mesut lacht sein heiseres, kehliges Lachen, von dem sie in Frankfurt so oft geträumt hat.

Man muss hier sein, um dieses Land zu verstehen. Sie ist jetzt hier, burada. Für Eser ist es dort, orada. Sie hat Verstand genug, um zu wissen, was dieses Land für sie bedeutet. Dieses Land mit dem Braunkohlegeruch in den fast winterlichen Dörfern, den Dolmuschs auf den Straßen und den Moscheen.

Mesut hält ihnen eine Tüte hin und sie greifen hinein. Überzuckerte Kichererbsen. Gibt es auch in Frankfurt in jedem türkischen Supermarkt.

„Spatzenhirne mit Zucker", witzelt Eser.

„Leckerbissen aus der atölye von Ulumur", sagt Mesut. Er meint die kleine Süßwarenfabrik am Ortsausgang.

„Ölürüm sana. Ich sterbe für dich", singt Tarkan.

Gülten schließt die Augen und genießt es, mit Mesut vom Flughafen nach Ulumur zu fahren. Er hat ein ziemlich altes, klappriges Wohnmobil gemietet. Sie lauscht der Musik, die Mesut eingeschaltet hat. Wieder so etwas, was türkische Familien hören oder Fadime und Orhan.

Gülten öffnet die Augen wieder. Auf dem Boden liegt ein zerlesenes Taschenbuch. Sie bückt sich und hebt es auf. Titel und Verfasser sind in arabischer Schrift angegeben.

„Liest du arabische Bücher, Mesut?"

Er brummt etwas Zustimmendes.

„So gut ist dein Arabisch?"

„Ich kann viel zu wenig, gerade so, dass ich es lesen und ein bisschen schreiben kann."

„Das ist ziemlich viel. Dann kannst du mehr als ich."

„Arabisch ist die Mutter aller Sprachen!", ruft Mesut.

„Was für ein Buch ist es?" Am Ende liest Mesut Liebesromane auf Arabisch. Würde zu seinen Lieblingssängern Emrah und Orhan Gencebay passen.

„Von Sayyid Qutb, *Ma'alim fi al-Tariq*." Das klingt, als müsse man wissen, um welches Buch es sich handelt.

Gülten sieht den Dede an, der die Gebetskette in den Händen hält und vor sich hin murmelt. Anscheinend weiß er über Mesuts Lektüre Bescheid.

„Lass es raus!", schreit Eser.

„Auf Deutsch heißt der Titel so etwas wie ‚Wegzeichen'. Sayyid Qutb war ägyptischer Muslimbruder. Er hat zwei Jahre in den USA gelebt und über die Krise der westlichen Welt geschrieben. Eure Freiheit führt zur daya des Menschen, zur Verlorenheit."

„Welche Freiheit?", fragt Gülten.

„Das, was ihr in Deutschland lebt, so wie Eser und ich, als ich noch in Unterliederbach war ..." Mesut lacht wieder kurz auf und fährt sich durchs Haar. Im nächsten Moment bremst er hart, weil ein von einem Maultier gezogener Karren im Halbdunkel auftaucht.

Gülten blättert in dem Buch. Entweder ist es schon von mehreren Leuten gelesen worden oder Mesut liest jeden Tag darin. Einige Seiten sind lose. Der Buchrücken ist schon ganz brüchig.

Mesut, ich werde Arabisch lernen. So einfach wird es nicht werden. Bis ich mal ein ganzes Buch lesen kann, brauche ich Zeit ... Gülten fallen die Augen zu. Das

Wohnmobil kriecht die Serpentinen hoch. Nur noch ein paar Minuten bis Ulumur.

Burada, orada. Hier, dort. Aber wo ist hier, wo ist dort?

Es ist früher Morgen und stockdunkel. Noch hat der Muezzin nicht zum ersten Gebet des Tages gerufen. Gülten liegt in der Kuhle im Doppelbett neben Tante Nurcan. Das Bett bebt vom rhythmischen Schnarchen der Tante. Es gibt keinen besseren Ort auf dieser Welt. Wie mitten in einem Vogelnest, denkt Gülten. Hier ist ihr eigentlicher Ort. Hierhin gehört sie. Oder doch eher auf ihr Schlafsofa unter die Poster von der Blauen Moschee in Istanbul und vom Roten Turm in Antalya? An die Bushaltestelle, wo sie morgens auf den Bus wartet, der sie zur Schule bringt? In Frankfurt war alles klar. In Frankfurt hat sie nach Ulumur gehört.

Jetzt ist sie hier und es ist gar nicht mehr hier. Es ist dort.

Lang gezogen hallt der Lautsprecherruf zum Gebet durch die Stille.

Von weit her schreit jemand: „Scheiße!" Gülten denkt, dass „Scheiße" das falsche Wort ist, ein unverzeihliches Wort. Dann springt sie auf und rennt dahin, woher der Schrei kam, in Birhans Zimmer. Auf der Fensterbank stehen Birhans Spielzeugautos. Über der Legoburg hängt Esers Jacke.

„Oh mein Gott", sagt Eser. „Dieses Land bringt mich um. Es ist mitten in der Nacht und alle Hunde bellen." Er sitzt aufrecht, ein zorniges Bündel kranker Mensch.

Ein zweiter Muezzin stimmt ein, vom Minarett des Nachbardorfs.

„Allah möge dir verzeihen. Er ist barmherzig und allwissend", sagt der Dede, der hinter Gülten das Zimmer betritt.

„Ich wollte nur deshalb hierher, weil es die letzte Gelegenheit ist. Ich wollte auf meinen eigenen Füßen durch dieses Land gehen, aber so wie's aussieht, wird daraus nichts."

„Sprich nicht so, Easy", flüstert Gülten. Wieder steigt es schwer, schwarz und traurig in ihr auf.

Eser wirft ihr einen seltsamen Blick zu. „Heute bin ich Eser. Diesen Namen hat Ana mir aufgeladen. Ich sollte Eser sein und sie hat es erreicht. Ich fühle mich absolut Eser, das Gegenteil von Easy."

„Wir wollen zum Gebet gehen, Mesut und ich", sagt Dede Ömer.

Mesut steht schon in seiner schwarzen Lederjacke da.

Morgen werden sie mit Mesut in dem gemieteten Wohnmobil nach Pamukkale aufbrechen. Die heißen Quellen werden Eser auf alle Fälle gut tun. Und in dem kleinen Restaurant gegenüber den Felsenterrassen wird die Sünnet, das Beschneidungsfest, von zwei Großneffen des Dede gefeiert. Nurgül wird da sein, Onkel Bekir mit seiner zweiten Frau Latife. Armer Mesut, da musst du durch.

Der Dede und Mesut sind von der Moschee zurück. Der Dede geht vor dem Haus auf und ab und raucht. Mesut legt das frische Brot auf den Tisch und setzt sich neben Gülten.

„Es ist noch Tee da", murmelt sie und ist verlegen wie nie zuvor. „Ich hol dir einen."

„Bleib sitzen." Er lächelt. „Ich will jetzt keinen. Später."

Sie kann nichts sagen. Das Herz klopft ihr bis zum Hals.

„Die Jungs", sagt er und es klingt gedrückt, „die kennen mich bestimmt nicht mehr …"

„Welche Jungs meinst du?"

„Die aus meiner Gang in Unterliederbach. Du siehst sie wahrscheinlich jeden Tag auf der Straße."

„Ich kenne sie gar nicht richtig. Weil ich ja mehr mit Mädchen zu tun habe …"

„Meine Graffitis würde ich auch gern mal wieder sehen. Hinter den Garagen in der Unterführung, da müssen noch welche von mir sein, wenn sie nicht übersprüht worden sind."

„Da sind noch viele. Auch ganz alte."

„Meine waren in Silber-Blau, das war meine Spezialität, und ziemlich breite Buchstaben …"

„Ich wusste nicht, dass du …"

„Jede Nacht sind wir mit den Spraydosen im Anorak losgezogen."

Sie schweigen beide. Er könnte sagen, dass er froh ist, dass sie in Ulumur ist, dass er sie vermisst hat. Er könnte sagen, dass er sie mag.

„Unterliederbach ist nicht unbedingt die schönste Ecke von Frankfurt", sagt Mesut.

„Stimmt."

„Aber alle meine alten Kumpel leben da, entweder rechts oder links der Königssteiner."

Mesut steht auf. „Ich hab kein Heimweh oder so was. Ich bin hier in Ulumur zu Hause. Hier hab ich meine Arbeit in der Schreinerei und im Sommer mit den Touristen."

Mesut, ich verstehe dich so gut. Dieses Gefühl kenne ich auch, diese schwierige Sache mit Ulumur und Frankfurt, ich weiß genau, was du meinst.

„Es kommt nicht oft vor, aber manchmal träume ich auf Deutsch. Ich denke im Traum deutsch und bin wieder in meiner alten Schule." Er bleibt neben ihr stehen und streichelt ihre Haare. Gülten wagt nicht sich zu rühren, so ungeheuerlich ist es.

„Ich bin kein richtiger Türke, was meinst du?"

Sie dreht sich zu ihm um.

„War nur ein Witz", sagt er. „Darf ich dich küssen?"

Darauf kann sie keine Antwort geben. Mesut, Mesut, Mesut. Diesmal ist es wirklich. Kein Zufall, kein Versehen. Nicht wie damals an der heißen Quelle.

„Könntest du dir vorstellen, ich meine, wäre es für dich denkbar …" Mesut quält sich mit den Worten.

Sag's doch auf Türkisch. Auf Türkisch ist es einfacher. Oh Mesut. Bitte sag es. Sag, dass du ohne mich nicht leben kannst. Irgend so einen Tarkan-Satz.

Das Telefon schrillt.

„Ich geh nicht ran", sagt Mesut.

„Ich geh auch nicht ran", flüstert Gülten.

„Ölürüm sana", sagt Mesut.

„Ölürüm sana", antwortet sie.

„Du bist Frankfurt und noch viel mehr. Und ich danke Allah jeden Tag dafür, dass es dich gibt."

„Du bist die ganze Türkei", murmelt Gülten. „Und jetzt bin ich endlich hier."

Das Telefon schrillt immer noch.

„Geh du ran", sagt Mesut und lässt sie nicht los.

„Es ist egal. Geh du ran", flüstert sie.

Tante Nurcan ist ans Telefon gegangen, ohne dass sie es gemerkt haben. Ganz sanft ruft sie herüber: „Gülten, für dich. Aus Frankfurt!"

„Hi, Gülten, ich bin's." Es ist Erik.

„Erik, was fällt dir eigentlich ein? Woher hast du die Nummer?"

„Von dir, das weißt du doch. Ich wollte einfach mal wissen, wie das Wetter bei euch ist und wie es Eser geht."

Gülten kann nichts sagen vor Empörung – und dann legt sie einfach auf.

„Er ist ein netter Junge", sagt Tante Nurcan. „Geht er in deine Klasse?"

Eine Tür fällt ins Schloss. Es ist Mesut, der nach draußen gegangen ist.

23. Kapitel: Schnee und Abgrund

Es regnet. Schneematsch liegt neben der Straße. Obwohl sie in der Türkei sind, denkt Gülten „Schnee“, nicht „kar“. Immer wenn sie anfängt Türkisch zu denken, fehlen ihr einzelne Worte. Und sie wagt nicht mehr, Mesut danach zu fragen. Windböen biegen die Pinien am Straßenrand. Mesut sitzt mit erstarrtem Gesicht am Steuer. Die Musik hat er abgestellt. Die Scheiben sind von innen beschlagen, obwohl das Gebläse dröhnt. Schnee und vereiste Straßen, das passt nicht zur Türkei.

Mesut hat frisches Brot aus dem Bäckerladen gegenüber geholt.

„Unglaublich, wie billig das hier ist, so ein Brot kostet beinahe nichts“, sagt Gülten.

„Für dich ist es nichts“, fährt Mesut sie an. „Aber hier ist es teuer. Manche Familien mit vielen Kindern haben Probleme, das Brot für den Tag einzukaufen.“

Der Dede schläft schon und schnarcht gleichmäßig vor sich hin. Eser liegt angezogen, in Turnschuhen auf dem Kojenbett und ist ebenfalls eingeschlafen. Das Wohnmobil steht am Straßenrand.

„Tust so, als ob du eine Türkin wärst“, sagt Mesut, „und hast nichts verstanden davon, was der Islam bedeutet. Du bist auch nicht anders als Eser. Eser ist wenigstens ehrlich, dafür achte ich ihn. Aber du bist eine Heuchlerin.“

Gülten starrt ihn einfach an. Das meint er nicht so. Das kann er gar nicht meinen.

„Du hast dich benommen wie eine Nutte“, sagt Mesut. „Klar, diesen Erik hast du auch geküsst.“

„Nein, hab ich nicht!“, schreit Gülten.

„Natürlich hast du’s gemacht! Ich glaub dir gar nichts mehr. Ein muslimisches Mädchen würde so etwas nie tun. Fest steht, ich werde nur ein Mädchen heiraten, das sich an die islamischen Gebote hält. Für dich ist der Koran doch nur ein Spiel. So wie die deutschen Touristen die Moschee besuchen und dabei Kaugummi kauen, so probierst du für ein paar Monate den Islam aus, weil Eser todkrank ist.“

Gülten hat Tränen in den Augen. Warum sagt er so etwas? Wie kann er so gemein sein?

„Und die Jungs, die probierst du auch aus“, sagt Mesut kalt. „Aber das ist ja wohl so üblich in Almanya.“

„Was fällt dir ein, du bescheuerter Fundamentalist!“ Es ist Eser, der sich auf seinem Bett aufgesetzt hat. „Ich hau dir eine rein, wenn du so weiterlaberst.“

Gülten heult jetzt los. „Easy, oh Easy, das kann nicht sein.“ Und obwohl Mesut schweigend dasitzt und alles hört: „Erst küsst er mich … und jetzt erzählt er mir, was im Koran steht.“

„Hau ab!“, schreit Eser. „Verschwinde, fucking bastard!“

Mesut zieht sich die Lederjacke über den Kopf, stellt sich draußen in den Schnee und raucht schweigend eine von Dede Ömers Zigaretten.

„Der ist absolut fertig, weil er morgen Abend Onkel Bekir wiedersieht. Du weißt doch, wie Mesut zu seinem Vater steht“, flüstert Eser. Er ist heruntergeklettert und legt den Arm um seine Schwester. „Und außerdem ist er ein Charakterschwein. Ich hab dich immer vor ihm gewarnt. Die türkischen Jungs sind so, das hab ich dir tausendmal gesagt. Jetzt hast du es.“

Der Dede ist wach geworden vom Schlag, mit dem Mesut die Autotür zugeworfen hat. Er fängt an zu husten und greift sich an die Brust. „Mein Atemspray, Kinder, mein Atemspray“, röchelt er. „Ich weiß nicht, wo ich es hingetan habe.“

„Ich muss pinkeln. Halt an!“, schreit Eser.

Mesut lenkt den Wagen zu den Büschen am Rand der Passstraße und drückt auf den Knopf für die automatische Öffnung der Schiebetür.

Emrah singt ein schwermütiges Lied. Emrah und Orhan Gencebay sind Mesuts Lieblingssänger. Dede Ömer und Mesut haben fast den gleichen Musikgeschmack.

Eser steht auf, greift sich den Rollstuhl und klettert mit ihm hinaus.

Dede Ömer fasst sich an die Brust und steigt hinterher. Er hat jetzt ständig Herzschmerzen, aber Gülten kann sich kaum noch darüber aufregen. Das mit Eser ist schlimm, das mit Mesut ist schlimm und nun geht es auch noch dem Dede schlecht. Er zittert und atmet schwer.

Gülten reicht ihm das Spray. Der Dede nimmt die Dose dankbar entgegen. Es dauert ungefähr zwei Minuten, bis es ihm besser geht.

„Es ist ein Scheißleben!“, schreit Eser plötzlich. „Ich verzichte drauf! Ich hasse diesen Rollstuhl! Ich spiel das Spiel nicht mehr mit. Ich muss es nicht.“

„Tu’s nicht, Eser!“, schreit Gülten und stolpert zu ihm hin, um ihn festzuhalten.

Aber Eser wollte nicht hinunterspringen. Der Rollstuhl poltert und taumelt über die felsigen Vorsprünge der Schlucht in die Tiefe.

„Dieses Scheißding, wie ich diesen Stuhl hasse!“

„Du bist ein Idiot!“, ruft Mesut. „Jetzt muss ich runter und den Stuhl suchen. Ich bin ja hier der Einzige, der fit genug ist.“

„Tu nicht so, als wär ich halbtot!“, schreit Eser. Er zittert am ganzen Körper, aber das war es dann auch. „Ich verbiete dir, ihn hochzuholen. Ich habe meine eigenen Füße. Ich brauch ihn nicht mehr.“

Er weiß genau, dass er auf ihn angewiesen ist, und Gülten weiß es auch, doch sie wagt nicht, ihm zu widersprechen.

Erik, Erik, Erik. Stell dir das vor. Da steht er jetzt am Abhang und kann jeden Moment springen. Aber ich glaube nicht, dass er es tun wird. Der Dede hält ihn am Arm, und obwohl es ihm so schlecht geht, ist der Dede sehr stark. Nicht körperlich, aber geistig.

„Ich sollte das mit dem Rauchen besser lassen“, murmelt der Dede. „Bei Allah, ich sollte es lassen. Aber ich bin schwach, ich kann es nicht. Und jetzt ist auch noch Gebetszeit. Ich kann mich heute nicht niederwerfen, wie es sein sollte.“

„Ja. Es ist auch zu matschig hier“, sagt Mesut.

„Wegen meinem Herz“, seufzt der Dede. „Jedenfalls bin ich froh, dass Eser und du nicht raucht.

Dehnten wir nicht aus deine Brust
und nahmen ab von dir deine Last,
die deinen Rücken bedrückte,
und erhöhten für dich deinen Namen?
Drum siehe, mit dem Schweren kommt das Leichte! (…)
Und wenn du Zeit hast, dann mühe dich
und trachte nach deinem Herrn.“

Er steht immer noch am Abgrund und sieht in die Schlucht hinunter. Der Rollstuhl ist aufrecht zum Stehen gekommen. Ein Rad steckt im langsam dahinplätschernden Bach. Dede Ömer hält einen Moment inne, dann setzt er seine Gebete leise murmelnd fort.

„Er sieht noch ganz intakt aus", sagt Mesut.

„Er kann nur kaputt sein", murmelt Gülten mit tränenerstickter Stimme.

„Ich hasse euch alle!", fährt Eser sie an. „Jeden von euch, wirklich jeden total." Er steht jetzt ziemlich kraftvoll auf beiden Beinen. Weder Mesut noch Gülten wagen es, ihn anzufassen und zu stützen. Nur der Dede hält ihn leicht am Arm.

„I hate you, I hate you!", schreit Eser. „You are fucking bastards …" Es hallt durch die Schlucht und kommt schwächer zurück.

„Sprich Türkisch, mein Junge", bittet Dede Ömer.

„Nimm Vernunft an", sagt Mesut. „Glaub nur nicht, ich werde jetzt heulend zurückfahren. Wir werden dich zu den Thermalbecken bringen, du Hundesohn. Und ich werde dich mit eigenen Händen hineintragen, so wahr ich Mesut Sahil heiße."

„Gott ist barmherzig und verzeihend", sagt Dede Ömer.

„Ich will dein Gejammer nicht mehr hören, Eser. Das ist mein letztes Wort dazu", sagt Mesut. „Benimm dich wie ein Mann."

Jetzt ist er wieder der Mesut, in den sie noch gestern verliebt war. Diesen Teil von Mesut wird es immer geben. Darüber liegt eine Mesut-Schicht, mit der sie nicht gerechnet hat, die sie am liebsten von ihm herunterkratzen möchte. Aber es ist eine harte, dunkle Schicht.

Gülten reißt die Tür des Wohnmobils auf und greift nach der Karte, die neben dem Fahrersitz steckt. Mit dem Finger sucht sie das nächste Dorf.

„Da, in zwei Kilometern kommt eine Abfahrt in die Schlucht hinein. Ich werde den Rollstuhl holen“, sagt Mesut hinter ihr.

Sie wagt kaum zu atmen. Es ist das Ende oder der Anfang – und sie weiß nicht einmal, wovon. Eine Zukunft ohne Mesut, was soll sie damit? Werden sie sich nie wieder Briefe schreiben? Werden sie sich am Ende aus den Augen verlieren und einander fremd sein? Mesut hier in der Türkei mit allem, was türkisch und liebenswert ist? Erik, stell dir das vor, ich soll ohne Mesut leben. Mesut ist die Türkei. Du verstehst das, Erik. Die Türkei ist alles für mich. Ja, bis gestern war es so.

Ich dort in Frankfurt, mit allem Deutschen, mit der Ordnung und dem sterilen Geruch und den blitzblanken Linoleumgängen im Krankenhaus. Soll ich etwa so werden wie Ana? Nie. Mesut, Mesut, Mesut. Du bist die ganze Türkei. Zerbrich nicht mein Herz, denn du bist darin.

24. Kapitel: Pamukkale

Mesut schweigt. Sie fahren durch treibende Schneeflocken. „Kar“ ist das bessere Wort. „Kar“ ist mehr als „Schnee“. Aber Gülten denkt „Schnee“.

„Das gibt’s nur alle vierzig Jahre hier“, sagt Mesut. „Siehst du, jetzt ist es wie in Deutschland.“

Der Weg zu dem kleinen Hotel auf dem Berg ist sehr steil. Die Pinien am Wegrand sind schneebedeckt. Der Wagen fährt langsam, aber stetig bergauf.

„Freust du dich?“, fragt der Dede. Seine Stimme ist immer noch matt.

„Ach, Dede, worauf soll ich mich freuen?“, fragt Eser.

„Seltsamerweise freue ich mich“, sagt der Dede. „Ich bin richtig aufgeregt vor Freude.“

„Wenigstens einer, der sich freut“, sagt Eser.

„Der Mensch ist härter als Stein und zarter als eine Rose“, sagt der Dede geheimnisvoll.

Mesut parkt den Wagen. Die Räder drehen kurz durch im Schneematsch und Gülten sieht, dass schon einige eingetroffen sind. Bestimmt Tante Latife und Onkel Bekir, denkt sie.

„Wenn Latife mitgekommen ist“, sagt Mesut, „dann gehe ich zurück, setze mich ins Auto und lese Zeitung. Wie ich diese Frau hasse!“

„Wenn Latife mitgekommen ist, dann benimmst du dich wie ein höflicher Mensch“, sagt der Dede mit Bestimmtheit. „Ich verlange es von dir. Du weißt ja selbst, dass du dich beherrschen musst. Geh noch einmal in den Wagen zurück, mach dich frei von allen bösen Gedanken und bete zu Allah, ehe du zu uns kommst.“

Er streichelt Mesuts Arm. Mesut wird verlegen.

„Latife ist eine Frau. *Frauen sind zerbrechlicher als Glas*, sagt der Koran. Man muss sie deshalb behutsam behandeln. Du wirst höflich sein, Enkel. Tu es für mich und geh zum Beten."

„Ich glaube, ich kann es. Ich werde nachher mit dir beten", sagt Mesut und läuft voraus.

Der Dede und Eser gehen langsam die Treppe hoch. Eser ist ganz gut in Form. Gülten wagt nicht, ihn zu stützen. Sie zieht ihre Jacke aus und bindet vor dem Spiegel im Eingang noch einmal ihr Kopftuch fest.

„Ein Fax für dich." Mesut schwenkt ein abgerissenes Stück Papier. „Ein Fax aus Deutschland."

Oh Allah, denkt Gülten, hoffentlich nichts mit Klaus und Ana. Mesut ist mit Dede und Eser im Gedränge verschwunden. Gülten stellt sich unter die Eingangslampe und entziffert das Fax.

Liebe Gülten,
jeden Tag, wenn ich in der Schule sitze, vermisse ich dich. Wir nehmen Yunus Emre und Dschelaladdin durch und ausgerechnet du bist nicht da. Komm bitte möglichst schnell wieder nach Frankfurt. Laut Wetterbericht habt ihr in Antalya nicht gerade das ideale Badewetter. Schick doch mal eine Mail! Hoffentlich kommt mein Fax gut durch. Ich probiere es auf gut Glück. Verheirate dich bitte nicht gleich in Ulumur, komm erst wieder zurück und sprich alles mit mir durch.
Grüße an den Spitzenmann, den einmaligen Mesut, an Eser, an den Dede und ganz besonders an dich!
Dein Erik

Die Vorspeisenteller werden gerade auf den Tisch gestellt, als Gülten das Restaurant betritt. Durch die Scheiben der Fensterfront sieht man auf die Kalksteinterrassen – Pamukkale, das Baumwollschloss, Esers Traumschloss, wie ein Märchenschloss, in dem Feen wohnen. Die ganze Familie ist gekommen. Einige Leute kennt Gülten noch nicht, Frauen mit Babys auf dem Arm.

Mit hoş geldiniz begrüßen sie Gülten und freuen sich, dass ihr Türkisch so gut ist, wenn sie antwortet.

„Ich werde nur ganz wenig essen“, murmelt Dede Ömer. Und zu Onkel Bekir sagt er: „Wie war die Fahrt?“

„Schrecklich“, antwortet der Onkel. „Ich glaube, so viel Schnee gab es zuletzt, als ich ein kleiner Junge war.“

„Warum hast du Latife nicht mitgebracht?“

Onkel Bekir greift nach seinem Glas mit dem milchig weißen Raki.

Mesut sieht nicht gut aus. Er ist sehr blass.

„Latife hat sich nicht getraut mitzukommen“, sagt Onkel Bekir schließlich. „Obwohl sie euch sicher gerne begrüßt hätte. Ja, dich auch, Mesut, mein Mullahsohn.“

„Ich bin stolz auf alle meine Enkel“, sagt der Dede und legt den Arm um Eser.

„Und ganz besonders wohl auf deine deutsche Enkelin, die du zum Kopftuch bekehrt hast“, spöttelt Onkel Bekir. „Oder trägst du es nur hier in der Türkei?“

„Sie trägt es sogar in der Schule“, sagt der Dede. „Ihr Direktor hat sie zu sich bestellt und sie ermahnt, es abzulegen. Aber Gülten hat ihn davon überzeugt, dass sie es tragen muss, weil sie islamisch lebt.“ Plötzlich sind alle still und die meisten schauen anerkennend zu Gülten herüber.

„Atatürk hat das Kopftuch für die Frauen in der Türkei verboten", sagt Onkel Bekir. „Oh Gülten, weißt du wirklich, was du tust? Ich würde verzweifeln, wenn du meine Tochter wärst. Latife trägt jedenfalls kein Kopftuch. Leider hat sich in den letzten Jahren einiges geändert: Die Partei Erdogans zahlt Familien, in denen die Mädchen Kopftuch tragen, sogar Geld ..."

Die Bedienung kommt und fragt nach den Getränken.

„Einen schönen Wein aus der Gegend von Efes", gibt Onkel Bekir seine Bestellung auf. „Auf die Gefahr hin, dass ich der einzige Weintrinker in dieser frommen Familie bin."

„Wo ist Eser geblieben?", fragt der Dede.

Eser sitzt in der Ecke an einem kleinen Tisch. Vor ihm steht das Keyboard. Und schon legt er los. Ein Solo von Keyboarder Eser. Gülten glaubt, sie hört nicht recht. Eser spielt Tarkan-Lieder!

Onkel Bekir lehnt sich zurück. „Er hat sich erfreulich entwickelt, euer Eser", sagt er zum Dede.

„Er ist ein guter Junge", bestätigt der Dede. „Wirklich ein guter Junge. Manchmal spricht er sogar Türkisch mit mir."

„Ja, es ist mir aufgefallen. Man merkt, dass ihr zu Hause viel Türkisch sprecht."

Der Sonnenuntergang taucht die Kalksteinterrassen in rosafarbenen Dunst.

„Es war blöd, was ich zu dir gesagt habe", fängt Mesut an und setzt sich neben Gülten.

„Ja, das war es." Gülten sieht ihn nicht an.

„Du magst diesen Erik aus deiner Schule?", fragt Mesut.

Sie zieht es vor, nichts zu sagen. Er würde es doch nicht verstehen.

„Ich wollte dich fragen, ob du Lust hast, noch einmal nach Antalya zu fahren. An den Strand mit dem Café, wo wir damals alle waren."

„Wenn wir wieder zurück in Ulumur sind?" Gülten zögert. Einen Moment lang hat sie große Lust, geber, piç – verrecke, Bastard – zu sagen, lässt es aber lieber. „Ich sollte überhaupt nicht mehr mit dir reden", sagt sie stattdessen.

25. Kapitel: Zwischenraum

Eser klappt den Rollstuhl mit zwei Griffen zusammen und hebt ihn auf das Laufband am Eincheckschalter. Die Boden-Stewardess heftet den Aufkleber FRA an die Lehne und lächelt Eser an. Dann reicht sie dem Dede die drei Bordkarten.

„Versprich, dass du wiederkommst, Gülten", flüstert Mesut ihr zu, während sie hinüber zum Transitraum gehen. Er hat den Kragen seiner schwarzen Lederjacke hochgeklappt. „Es tut mir leid. Ich hab mich benommen wie ein Idiot."

„Hast du wirklich", sagt Gülten. „Aber es war auch alles ziemlich kompliziert. Danke trotzdem."

„Wofür?", fragt Mesut und sieht verlegen aus.

„Du hast eine Menge Ärger mit Eser gehabt … und es war schön, mit dir am Strand zum Café zu laufen."

„Schade, dass es geschlossen hatte", antwortet Mesut. „Ich hätte es mir eigentlich denken können."

„Ich fand es trotzdem gut – auf der Treppe vor dem Café zu sitzen und schweigend aufs Meer zu schauen. Auch wenn es geregnet hat", sagt Gülten … Und auch wenn wir uns nichts mehr zu sagen hatten, denkt sie.

Er reicht ihr eine Tüte mit Halva*. Also deswegen hat Mesut auf dem Weg zum Flughafen noch beim Bäcker gehalten.

„Für unterwegs. Sag, dass du wiederkommst."

Sie bekämpft den Impuls, ihn kurz zu streicheln. Ein anständiges türkisches Mädchen tut so etwas nicht. Sie streckt die Hand aus und zuckt zurück. Mesut, du bist nicht mehr der Mesut, dem ich Briefe geschrieben habe. Mesut, ich verstehe dich so gut und ich verstehe dich überhaupt nicht. Der Islam ist für dich etwas ganz anderes als für mich. Aus dem Koran liest du ganz andere Dinge als ich. Mesut, wir sind uns so nah, wir sind miteinander verwandt, wir kennen uns, seit wir Kinder sind. Warum verstehen wir uns nicht?

„Nur noch ein paar Monate bis zum Sommer", sagt Gülten. „Dauert gar nicht mehr lang."

Die Glastür fällt hinter ihnen zu. Gülten dreht sich nicht um. Sie sind im Transitraum und es ist ein unangenehmes Gefühl, nicht mehr in der Türkei zu sein. Zugleich aber irgendwie auch ein gutes, fast schon wieder in Deutschland zu sein.

Im Flugzeug zu sitzen und auf die kleine Mahlzeit auf dem Plastiktablett zu warten, das war in ihrem Leben immer das Größte. Früher war es der Hinflug, der sie aufgeregt hat. Der Hinflug zu „ihrem Land". Diesmal ist sie genauso aufgewühlt, obwohl es zurück nach Almanya geht. Ja, es ist eindeutig Vorfreude.

Sie genießt es, über Tausende von Kilometern schwerelos dahingetragen zu werden. Ja, das ist es, nicht das Essen und nicht die Praline am Schluss. Es ist dieser Zustand hoch oben für mindestens drei Stunden, ganz entspannt nicht hier und nicht dort zu sein.

Sie zupft an ihrem Baschörtüsü und dann nimmt sie es behutsam ab, faltet es sorgfältig zusammen und schiebt es in die große weiße Tasche, die demnächst wieder ihre Schultasche sein wird. Auch das ist sie – das Mädchen mit den offenen dunklen Haaren.

Es gibt nur diesen einen Gott. Er ist nicht gezeugt und hat nicht gezeugt und Mohammed ist sein Gesandter. Und es ist ihm egal, ob ich mit oder ohne Kopftuch durchs Leben gehe.

Sie nimmt sich ein Stück Halva aus der Tüte und beißt hinein. Schmeckt einfach gut und heimatlich.

Jawohl, Erik Bauer. Irgendwie bist du schon sympathisch. Schließlich muss es auch einen geben, mit dem ich Deutsch rede. Ich werde dir viel von mir erzählen. Mal sehen, vielleicht ist dein Türkisch besser geworden. Zwei Sprachen sind mehr als eine. Danke, Dede Ömer, du bist der Mensch, der am meisten für mich getan hat.

Erklärung von Namen und Begriffen

Abla: ältere Schwester, auch ehrenvolle Anrede unter miteinander gut bekannten Frauen

Aisha: Lieblingsfrau Mohammeds*, Tochter seines Weggefährten Abu Bakr. Nach dem Tod Mohammeds nahm die Autorität Aishas unter den Gläubigen zu. Im Jahr 656 führte sie eine Schlacht gegen Ali, den Kalifen* und Mohammeds Schwiegersohn.

Al-Fatiha: Die Sure* Al-Fatiha (arab.: die Eröffnende) ist mit ihren sieben Versen die erste Sure des Korans* und gehört zu jedem Rakat* eines Ritualgebets.

Allah: (arab.) „Gott". Mohammed* betonte immer wieder die Einzigkeit und Einheit Gottes.

Atatürk: Mustafa Kemal (1881–1938) mit dem Beinamen Atatürk, Vater der Türken, war Gründer und erster Präsident der Türkischen Republik. Er schlug eine militärische Laufbahn ein. Im November 1922 wurde der Sultan Mehmed VI. auf Betreiben A.s abgesetzt und die Türkische Republik ausgerufen, deren neue Hauptstadt Ankara wurde. A. begann mit einer konsequenten Modernisierung der Türkei. Er wollte das Land möglichst schnell auf einen Standard ähnlich dem der westeuropäischen Länder bringen und brachte wichtige Reformen auf den Weg. Einschneidend war die Sprach- und Schriftreform. 1928 wurde die bisher praktizierte arabische Schrift durch die lateinische abgelöst. Das Türkische wurde von arabischen und persischen Fremdwörtern gereinigt. Außerdem wurden der Fez (Kopfbedeckung) der Männer und der Schleier der Frauen offiziell verboten. Der Islam* war nicht mehr Staatsreligion. Religion wurde zur Privatsache erklärt. In den 1970er-Jahren kam es zur islamischen Wiedergeburt*.

Ayran: Erfrischungsgetränk aus Joghurt mit Wasser und etwas Salz

Baklava: in Sirup getränktes Blätterteiggebäck

Baschörtüsü: Kopftuch

Bektaschi-Orden: schiitischer Orden, der neben Mohammed* fast gleichrangig dessen Schwiegersohn Ali verehrt. 1925 wurden die Bektaschis von Atatürk* verboten, heute sind sie nur noch vereinzelt in Ägypten vertreten.

Cuma: Freitagsgebet, das aus einer Ansprache und zwei gemeinsam begangenen Rakats* besteht

Dede: (türk.) Großvater

Derwisch: (pers.) Bettler, Armer. Ein D. ist Mitglied eines religiösen Ordens des Islam*, einer Bruderschaft. Jahrhundertelang waren D.e die führenden Theologen, Philosophen und Dichter, gelegentlich auch Wissenschaftler, im Islam. Im Mittelalter strahlten viele ihrer Schriften nach Europa aus.

Dolmusch: Sammeltaxi

Dschelaladdin Rumi: der bekannteste in persischer Sprache schreibende Dichter und Mystiker (1226–1273). Seine Verse spiegeln die Sehnsucht der Sufis* nach dem Einssein mit Gott wider.

Emre, Yunus: um 1250 im westlichen Zentralanatolien geboren und 1321 dort gestorben. Über sein Leben ist wenig bekannt, umso verbreiteter sind seine Verse und Sprüche. Er war Bektaschi-Derwisch* und Dichter, der nicht wie Dschelaladdin* auf Persisch sondern auf Türkisch, in der Sprache des einfachen Volks, dichtete.

Fünf Gebete: s. Fünf Säulen des Islam

Fünf Säulen des Islam: Sie stehen für die fünf Grundpflichten des gläubigen Muslim. Die erste ist das Glaubensbekenntnis *(schahada)*, die zweite das fünfmalige Gebet am Tag *(salat)* zu den festen vom Muezzin ausgerufenen Zeiten, die dritte das Fasten im Monat Ramadan *(saum)*, die vierte die Almosenpflicht *(zakat)*, die fünfte, einmal die Pilgerfahrt *(hadsch)* zur Kaaba* nach Mekka* zu unternehmen und nach Medina*, wo Mohammed* in der großen Moschee* begraben liegt.

Gelin: (türk.) Braut

Ghasele, die: Das Ghasel ist eine orientalische Gedichtform mit sich wiederholenden Reimen.

Hadith: (arab.) Erzählung, Bericht. Seit dem 8. Jahrhundert wurden Überlieferungen von Verhaltensweisen und Aussprüchen des Propheten Mohammed* systematisch gesammelt. Es gibt etwa 600 000 H. Die bekanntesten Hadith-Sammlungen sind die von Sahih Al-Buhari (810–870) und Muslim (ca. 817–875). Die gesamten H. bilden die Sunna*.

Hafis: berühmter persischer Dichter (gest. 1390), der Goethe beeinflusste

Hagia Sofia: vom römischen Kaiser Konstantin im Jahr 325 erbaute christliche Basilika für seine Hauptstadt Konstantinopolis, das heutige Istanbul. Später ausgebrannt, zerstört, wiederaufgebaut und zur Moschee* mit vier Minaretten umgebaut.

Halva: Süßigkeit

Hodscha: Leiter des Gebets in der Moschee*. Er muss über gute Kenntnisse des Koran* verfügen, benötigt aber keine besondere Ausbildung.

Imam: Leiter des Ritualgebets oder, vor allem bei den Schiiten*, Führer der Gläubigen

Ischa-Gebet: Nachtgebet

Islam: (arab.) Frieden finden durch Unterwerfung (unter den Willen Gottes); die jüngste der drei monotheistischen Weltreligionen, gestiftet von Mohammed*

Islamist: Anhänger des Islamismus*

Islamismus: Form des religiösen Extremismus, politische Ideologie, die sich auf den Islam* beruft und das Leben in modernen Demokratien ablehnt. Es gibt verschiedene Richtungen, einige davon sind gewaltbereit.

Islamische Wiedergeburt: Ab den 1970er-Jahren setzte in der islamischen Welt ein Zunehmen der Religiosität ein, eine „islamische Wiedergeburt". Man besann sich verstärkt auf die islamische Kultur, baute neue Moscheen*, hielt die Bekleidungsvorschriften stärker als zuvor ein. Auch pilgerten mehr Menschen nach Mekka*.

Kaaba: Hauptheiligtum der Muslime in Mekka*, ein schwarz verhängtes würfelförmiges Gebäude, das die Brust des Menschen symbolisiert

Kaftan: Obergewand, langer Oberrock

Kalif: Nachfolger Mohammeds*, der die Gemeinde leiten soll

Kemalist: Anhänger der Reformen Atatürks

Keyif: (türk.) Wohlbefinden, gute Laune

Kibla: Gebetsrichtung

Koran: eigentlich Qur'an, das heilige Buch des Islam*, die Offenbarungen Allahs* an den Propheten Mohammed*

Lahmacun: traditioneller türkischer Imbiss, Fladen mit Hackfleisch, im Ofen gebacken, ähnlich wie Pizza

Medina: islamischer Wallfahrtsort in Saudi-Arabien, mit der großen Moschee* mit den Gräbern Mohammeds*, seiner Tochter Fatima und der Kalifen* Abu Bakr und Omar

Meister Eckhart: um 1260 bei Erfurt oder Gotha geboren, wird um 1275 Dominikanermönch, erlangt in Paris die Magisterwürde und beginnt eine theologische Lehrtätigkeit, stirbt als Ketzer angeklagt um 1328 in Avignon. Sein großes Thema ist die Beziehung der Seele zu Gott.

Mekka: Mohammeds* Geburtsstadt und damit die heiligste Stadt des Islam*. Von dort nahm die Mission des Propheten ihren Ausgang. Hier steht auch die Kaaba*.

Mevlevi-Orden: Orden der „tanzenden Derwische", um 1325 in Konya von Dschelaladdin Rumi* gegründet

Mezeteller: Vorspeisenteller

Mohammed: um 570 in Mekka* geboren, empfängt 610 seine ersten Offenbarungen, muss 622 mit seinen Anhängern nach Medina* fliehen. Die Hidschra (Auswanderung des Propheten) wird zum Beginn der islamischen Zeitrechnung*. 624 besiegt er die Mekkaner und zieht 630 als Sieger in Mekka* ein. 632 stirbt er.

Moschee: (arab.) Ort des Niederbeugens. Die M. dient dem gemeinschaftlichen islamischen Gebet, ist aber auch Versammlungsort für weltliche Fragen.

Muslimbrüder: 1928 in Ägypten von dem Lehrer Hassan al-Banna gegründet. Die M. sehen im Islam* eine politische Bewegung, die sich gegen alles Westliche richtet.

Nikah: Trauung in der Moschee*

Pamukkale: (türk.) Baumwollschloss. Die versteinerten Wasserfälle von P. bestehen aus den Kalkablagerungen warmer Quellen.

Rabia: Sklavin und Flötenspielerin (721–801) in Bagra, bedichtete und besang die Liebe zu Gott

Rakat: Gebetsrunde aus Stehen, Verbeugen, Stehen, Niederwerfen, Sitzen, Niederwerfen bis zum erneuten Stehen. Ein Ritualgebet besteht aus unterschiedlich vielen Rakats.

Raki: weißlicher Anisschnaps

Ramadan: Fastenmonat

Rumi: s. Dschelaladdin Rumi

Säulen des Islam: s. Fünf Säulen des Islam

Saz: Die Langhalslaute ist das wichtigste Instrument der türkischen Volksmusik.

Schiiten: Glaubensrichtung des Islam, der etwa 10 % der Muslime angehören; v. a. in Persien verbreitet, in Teilen Indiens, Afghanistans und des Jemen. Die S. fordern, dass der Anführer aller Muslime ein Nachkomme von Ali und Fatima, der Tochter des Propheten, sein muss.

Şeker bayramı: Zuckerfest als Abschluss des Fastenmonats Ramadan, mit Verwandtenbesuchen und Geschenken für die Kinder

Sufi: Mystiker im Islam

Sultan: (arab.) Herrscher. Das Sultanat der Osmanenherrscher, im 15. Jahrhundert eingeführt, wurde in Anatolien (heutige Türkei) 1922 abgeschafft. Auch anderswo gab es Sultane als Leiter einer Teilgemeinde der islamischen Welt, die den Kalifen* anerkannten.

Sunna, sunnitischer Islam: die Gewohnheiten, Verhaltensweisen des Propheten Mohammed*. Neben dem Koran ist die S., überliefert in den Hadith*, die zweitwichtigste Quelle des islamischen Lebens. Die Sunniten sind mit ca. 90 % die größte Glaubensgemeinschaft innerhalb des Islam*. Im Gegensatz zu den Schiiten* halten sie die S. mit den Aussagen Mohammeds* für abgeschlossen.

Sünnet: (türk.) Beschneidungsfest, abgeleitet von Sunna*. Die Jungen erhalten am Tag der S. Geschenke. Sie sind mit diesem Tag in die Männerwelt aufgenommen.

Sure: (arab.) Abschnitt, Kapitel. Der Koran* besteht aus 114 unterschiedlich langen Suren, die wiederum in Verse *(ayat)*

unterteilt sind. Sie sind nach ihrer Länge angeordnet.

Tarkan: 1972 in Alzey geborener türkisch-deutscher Popsänger, international erfolgreich

Tavla: Brettspiel, Backgammon

Topkapi sarai: Sitz der osmanischen Sultane* in Istanbul, 1459–1465 von Mehmed dem Eroberer erbaut

Zeitrechnung, islamische: Sie setzt mit der Hidschra, der Emigration Mohammeds* von Mekka* ins dreihundert Kilometer entfernte Medina* am 15. oder 16. Juli 622 ein. 638 wurde der neue islamische Kalender durch den zweiten Kalifen* Omar eingeführt. Grundlage für das islamische Jahr ist das Mondjahr. Hierbei gilt als Monat der erste Augenblick eines Neumondes bis zum nächsten Neumond. Die Länge eines Mondjahres beträgt etwas mehr als 354 Tage. Innerhalb von 30 Jahren kommt elfmal ein Schalttag hinzu. Auf den letzten Monat fällt die Pilgerfahrt nach Mekka*. Am zehnten Tag dieses Monats wird das Opferfest der Pilgerfahrer gefeiert. Das zweite große Fest ist der erste Tag nach dem Ende des Ramadan*, der Tag des Fastenbrechens.

Danksagung

Mein Dank gilt Selbi und Levent Erdogan, Elke Ince und in besonderer Weise Hadayatullah Hübsch für Gespräche und Ermutigung beim Schreiben dieses Buches. Hadayatullah Hübsch, leider im Jahr 2011 verstorben, versorgte mich mit Literatur zum Thema und vermittelte Kontakte. Khola Maryam Hübsch begleitete mich bei meinem ersten Besuch einer Moschee. Ich danke ihnen für ihre Hilfsbereitschaft und Freundschaft. Ich danke auch den Mitarbeiterinnen der Stadtteilbücherei Frankfurt-Bockenheim für Anteilnahme und Hilfe, Schwester Theresa von der Benediktinerabtei in Rüdesheim-Eibingen und Schwester Maria Gertraut von den Franziskanerinnen in Frankfurt am Main für freundliche Auskünfte, sodann Frank Griesheimer sowie Sonja Stahuber und Thomas Gneiting, die den Text für die Neuausgabe noch einmal mit mir überprüften.

Die im Buch erwähnte Johann-Wolfgang-Goethe-Schule ist nicht identisch mit dem Frankfurter Goethe-Gymnasium. Lehrer, Schuldirektor und Örtlichkeiten sind vielmehr frei erfunden.